罗湖区教育科学规划重点立项课题

《"基本式+变式"课堂教学推进策略研究——以"自然课堂"为例 》

（ Lhjg2019234）研究成果

"自然课堂"

教学基本式的实践探索

冯　永◎主编

东北师范大学出版社

长　春

图书在版编目（CIP）数据

"自然课堂"教学基本式的实践探索 / 冯永主编
. — 长春：东北师范大学出版社，2020.9
ISBN 978-7-5681-7171-7

Ⅰ.①自… Ⅱ.①冯… Ⅲ.①课堂教学—教学研究—
小学 Ⅳ.①G622.421

中国版本图书馆CIP数据核字（2020）第174263号

□策划创意：刘　鹏
□责任编辑：初亚男　□封面设计：言之凿
□责任校对：刘彦妮　□责任印制：许　冰

东北师范大学出版社出版发行
长春净月经济开发区金宝街 118 号（邮政编码：130117）
电话：0431-84568115
网址：http://www.nenup.com
北京言之凿文化发展有限公司设计部制版
北京政采印刷服务有限公司印装
北京市中关村科技园区通州园金桥科技产业基地环科中路 17 号（邮编：101102）
2022年6月第1版　2022年6月第1次印刷
幅面尺寸：170mm×240mm　印张：11.5　字数：184千

定价：45.00元

编委会

追寻课堂育人的诗和远方

毫不过分地说，课堂教学是学生学习成长的主动脉，是教师专业发展的主渠道，是学校文化建设的主心骨，是学校优质办学的主旋律。一言以蔽之，课堂教学是学校整个教育工作的核心与命脉。一直以来，学校肩负着落实立德树人的使命，因此课堂教学具有深刻的实践意义。习近平总书记在全国教育大会上的重要讲话中深刻指出，要把立德树人融入教育各环节，贯穿教育各领域，并强调课堂教学要围绕立德树人这一目标来设计，"教师要围绕这个目标来教，学生要围绕这个目标来学。凡是不利于实现这个目标的做法都要坚决改过来"。毫无疑问，这一深刻阐述为我国教育全方位落实立德树人提出了新的使命要求，也为学校究竟如何切实、有效地落实立德树人提出了新的实践方向——学校必须将立德树人融入并贯穿课堂教学的全过程。因此，学校必须展开深层次的"课堂革命"，以提升课堂教学落实立德树人的品质与效能。

"课堂革命"不是一句空洞的口号，也不是一个应景的概念，而是对深化课堂教学改革的一种强势表达。究其实质，课堂革命是基于课堂教学自身发展的意义诉求、理念追求和实践要求。因此，课堂革命应是对课堂教学原本意义的追究与回归，是对过往课堂教学突出问题的追问与回溯，是对未来课堂教学使命的追求与回应，是对课堂教学本身进行的守正出新和扬弃创新。新时代的课堂革命是以遵循课堂教学的原本意义为起点、以破解当下课堂教学存在的突出问题为核心、以完成新时代课堂教学肩负的使命为宗旨的动态实践过程。因此，塑造高品质课堂是学校开展课堂革命的重点。

究竟什么是高品质课堂呢？课堂教学首先是最基本的教育实践活动，彰显教育属性是课堂教学的应有之义。课堂教学是以人类优秀文化（即课程内容）为中介的教师"教"与学生"学"相统一的教育实践活动。在课堂教学中，学生"学"的活动、教师"教"的活动及课程内容的育人功能构成一个相互作用、相互生成的文化统一体。高品质课堂是坚守教育根本属性和遵循教学原本意义的课堂。在此意义下，课堂教学必有活生生的生命成长，必有静悄悄的文化传承，必有热乎乎的精神互动。基于教学的原本意义审视，课堂教学必然蕴含课程内容的文化价值对学生生命的激发与浸润，必然蕴含教师高尚的道德良知对学生生命的启迪与感召，也必然蕴含学生主体发展动能自觉而完满的释放与张扬。要想真正将立德树人融入并贯穿课堂教学全过程，就必须立足育人为本的宗旨，深入挖掘并发挥课程的育人价值，激活并突显学生的主体地位，弘扬并强化教师的育人功能。

为了深化区域教育领域综合改革，深圳市罗湖区于2018年发布了《深圳市罗湖区深化教育领域综合改革实施方案（2018—2020）》。其中，深入开展课堂革命是一个重要主题。深圳市罗湖区的课堂革命立足育人模式创新，聚焦教育教学供给侧结构改革，坚持"以学生为中心"的价值导向，秉持"为学习设计教学"的核心理念，整体推进各学校探索适应自身特点的优质课堂教学模式。而在实施的具体策略上，针对教学设计架构这一核心环节，各学校首先做好学情分析，了解学生"在哪里"；其次做好目标分析，知道学生"去哪里"；最后设计教学方法，明确学生"怎么去"。应该说，深圳市罗湖区课堂革命的提出与实施顺应新时代的发展，符合课堂教学改革的基本诉求，对区域教育发展尤其对促进学校切实、有效地落实立德树人具有深远意义。

地处梧桐山南麓、毗邻华南地区著名的仙湖植物园的深圳市莲南小学，以"自然教育"为学校办学理念，培养自由舒展、自然天成的未来少年。在这样的文化背景下，基于"自然教育"与"以学习者为中心"的理念，冯永校长带领教研团队深入挖掘学习方式的内涵，深入探索具有莲南小学特质的课堂革命。莲南小学的"自然课堂"理念主张教学要聚焦学科核心素养，从核心问题出发设计课堂教学，让学生经历一个完满的学习过程，形成一个完满的闭环。因此，莲南小学确立了"自然课堂"教学基本式：预制原型（预学建立概念）—问题碰撞（导学掌握方法）—优化迭代（练学形成意义）—学以致用（汇学总结经验）。为了让课堂教学的研究更深入，莲南小学探索出了"专家引路—名家示范—科组研磨—实践探索"的工作机制。莲南小学通过"莲南专家周周见"这一平台，让教师们与知名教授、教科书编者和学科教学专家等"大咖"们近距离接触、直接对话，了解国内外最先进、最前沿的教学思想。同时，莲南小学校领导带头上示范课，各科组跟进，围绕课堂教学的重难点问题，设立研磨课主题，建立备课组开展集体备课。各科组从教学基本式出发，通过反复研讨、磨课来确立各学科的教学基本式，每位教师在各学科教学基本式的基础上不断实践，探索出不同课型的教学基本式。

究其实质，莲南小学开展课堂教学改革是一种课例创新研究。这种研究又是"教师坐在一起研究学生学习"的学习。这种学习是基于案例的情境学习，是基于问题的探究学习，是基于创新的发现学习，是基于经验的反思学习，当然也是基于群体的合作学习。可以想见，莲南小学的课例创新研究不仅能全面提升教师的教学设计能力、教学实施能力和教学反思能力，而且能有力地塑造教师正确的职业观、教育观、人才观和课程教学观。这也将真正促进莲南小学课堂教学逐渐走上课题化、科研化的道路，进而引领教师走上专业化发展之路。与此同时，在冯永校长的引领下，莲南小学深入开展"基本式+变式"的课堂教学实践探索，将衍生出不同教师、不同课型的"变式"，使得莲南小学的"自然课堂"研究结出更加激动人心的丰硕果实。试想，这是不是可以看作新时代深圳市罗湖区教育改革与发展所泛起的一朵隽永浪花儿？

冯永校长是一位具有较高教学素养的特级教师，一直以来，他对课堂教学有一份情怀。同时，他是一位有思想、有思路、有方法、有格局的校长，是一位非常朴实、务实、扎实的校长。他对教育事业怀有崇高的使命感，对校长岗位抱有高尚的敬畏心；他充满激情、勇于开拓，却不失沉稳；他是真正脚踏实地又仰望星空的教育者。在与冯永校长的许多次交流中，我印象最深的是：他对国家教育改革发展的政策导向非常敏锐，并能基于学校实际积极谋求新的发展路线；他坚定地把内涵发展、优质发展作为学校的根本工作。他把深化课堂教学改革、切实促进教师专业发展作为莲南小学改革创新的主旋律。更难能可贵的是，他始终把"促进每名学生的健康成长"理念放在自己的心尖——这是令人肃然起敬的教育者的职业良知。仰望星空总是激动人心，脚踏实地更是意味深长。唯有脚踏实地地仰望星空，方能迈向理想的诗和远方。校长亦然，学校亦然，教育教学亦然。

受冯永校长盛情之邀作序，笔者不胜高兴与荣幸。以上感言表达的不仅是对冯永校长和莲南小学的喝彩，也是对新时代罗湖区教育乃至深圳市教育积极改革创新的敬意。

李铁安

（李铁安，中国教育科学研究院课程教学研究所研究员、教育学博士。）

目录

第四章

第一章

"自然课堂"教学基本式的理论研究

"自然课堂"教学基本式的提出背景

一、国家"课堂革命"提出新的要求

2017年，教育部部长陈宝生提出"课堂革命"，以构建促进学生学会学习、合作学习、深度学习为特色的课堂教学模式为出发点，以构建培育学生社会主义核心价值观、关键能力、综合素养为指向的"新素质教育"育人模式为落脚点，探索课堂教学新机制，构建课堂教学新模式，建设课堂教学新生态，促进学生全面发展、个性发展、可持续发展。"课堂革命"的根本要求是改变学习方式，通过学习方式的变革带动学习关系的重构，带来教与学方式的转变，进而带来师生学习生产力的提升。

从"课堂革命"的提出到"基础教育要从管理者本位转向以学生为中心"的新决策，再到当前提出的"以学习为中心"，教育要求的变化体现了教育视角的变化。教育的视角从教师转向学生，再转向学生的学习，体现了人们重视发挥学习主体的主观能动性，重视改变师生的课堂关系，重视提高群体性学习的有效性。

教育对学生发展需求的关注程度正在不断提高，而课堂教学是实施教育的主要方式，我们应不断革新教学观念，研究教学策略，改变教与学的关系，推动学生的学习，支持学生的学习，诊断学生的学习，将学习变成学生自己的事，让学习更好地发生。

二、罗湖区教改进入新的阶段

2018年7月，罗湖区印发《深圳市罗湖区深化教育领域综合改革实施方案（2018—2020）》，全方位开启教育改革。其中第18项提出全面落实"课堂革命"，要求罗湖区各学校形成自己的课堂改革行动方案，有自己的课堂教学基本式，充分运用信息技术工具构建以学生学习为中心的课堂教学模式。

为达成以上要求，各学校坚持以学生为中心、以学习为主线、以学情为依据、以习得为重点、以思维发展为目的的基本教学思想和'先学后教'的基本原则，着力让学生进行深度学习，积极参与学习，掌握学习方法。因此，教师在进行课堂教学时要树立以学生为主体的理念，为学生留出思考与实践的空间，适时引导学生思考，鼓励学生大胆表达自己的观点。

深圳市莲南小学顺应罗湖区教改要求，构建自己的课堂教学"基本式"。基于此，莲南小学做了相应的准备，进行实践探索，形成属于莲南小学的课堂教学新模式和各学科教学新模式。

三、莲南小学已具备课堂教学基本式的研究基础

在构建"自然课堂"教学基本式之前，莲南小学已具备以下两方面基础。

1. 确立了自然教育理念

莲南小学毗邻梧桐山和仙湖植物园，在自然教育方面有天然的优势，因此，莲南小学的文化理念及课程均蕴含着自然教育的内涵。我们既推崇让学生回归自然生活、亲近自然、感受生命与自然和谐共生，又提倡尊重儿童的发展规律，遵从儿童的天性，提倡"发现学习"与"启发式教育"，以培育自然人为目的，着眼于学生的终身发展，突显学生在教育中的主体地位。

2. 形成了莲南小学课堂教学基本式的雏形

莲南小学在课堂教学模式探索的初期，以学习单为工具，撬动课堂教学模式改革，形成了"预学—导学—练学"课堂教学模式。在校长的带领下，全校教师推动"基本式+变式"课堂改革，结合学校的自然教育理念及以学生为中心的理念，在已有的实践经验基础上，全面开展对课堂教学基本式的研究，最后各学科的课堂教学均有所突破。

"自然课堂"教学基本式的理论基础

一、自然教育

自然教育在中西方经历了演变与发展。我国道家提出"行不言之教",儒家提出"求其放心",又有嵇康提到"越名教而任自然",再到柳宗元的"顺木之天以致其性",而后蔡元培提出"尚自然、展个性",无一不体现出自然教育的思想。

西方的自然教育理论以古希腊哲学家的思想为始,柏拉图和亚里士多德的著作中首先出现了自然教育的萌芽。首先从教育学的高度揭开自然教育序幕的夸美纽斯将自然教育理解为教育要适应自然原则。"适应自然"有两层内涵,一是要遵循自然界的秩序、法则,"自然界存在一种起支配作用的普遍法则",人的发展以及教育应该服务于其;二是依据人的自然本性和身心发展规律开展教育活动。

到了近代,中西方的自然教育都有了进一步的发展。我国的蔡元培先生提出"尚自然、展个性"的教育主张,将我国的自然教育推向了顶端,发展到了极致。这一教育主张既借鉴了西方卢梭、裴斯泰洛齐等人的自然主义思想,又吸收了儿童心理学和教育心理学的养分,且在教学论上给予了论证,使我国的自然教育走向科学、完善和成熟。第斯多惠则进一步强调了要适应自然就必须研究儿童的本性与心理,遵循儿童在不同阶段的心理特点进行教育。

从中外对自然教育认识的过程中,我们不难看出自然教育尊重自然发展,关注生长规律,回归生命本质。因此,在教学中,我们要遵循儿童的自然成长规律,根据儿童的各项发展基础及当前的心理发展阶段,兼顾现有的知识水平,为其提供合适的学习内容,营造合适的学习氛围。

二、心流理论

心流理论由美国心理学家米哈里·齐克森米哈里提出。他将心流理论定义为人们对某一活动或事物表现出浓厚的兴趣并能推动个体完全投入某项活动或事物的一种情绪体验。同时，他认为心流一般是个体从当前所从事的活动中直接获得的，是一种积极情绪，"心流是一种忘我的沉浸状态，心流体验则是个体对这种忘我状态的直接心理体会和情绪感受"。心流体验是当事人被某一活动完全吸引时，表现出的一种聚焦于相关目标和反馈的心理体会和情绪感受。

心流理论与心流体验的相关研究给了我们启发，即我们在教育中为学生提供的应是充满获得感、愉悦感和满足感的学习内容，以促使学生在课堂中获得心流体验。

米哈里在研究中总结了九种心流状态的特征，我国学者研究后认为其中"明确的活动目标""挑战与技巧间的平衡""及时的反馈"是心流产生的重要条件，当课堂活动满足心流产生的条件时，学生会产生心流体验。在心流体验状态下，学习成了快乐的事，心流体验能够将环境对学生的影响降到最低，从而实现学习质量与效率的提升。

综上，心流理论给我们提供了教学模式、教学方法、教学策略和教学成效等方面的新视角。如果我们将心流理论迁移至学生的学习过程，那么就能有效激发学生的学习动机，提高学生的学习效果。在课堂教学中，我们可以借鉴心流状态产生的重要条件来设计教学过程，设置明确的活动目标，为学生提供适当难度的、符合其最近发展区的内容，同时及时进行师生或生生反馈，使学生获得心流体验，使学生乐于学习、热爱学习，提高课堂教学的质量和效率。

三、建构主义理论

建构主义理论是认知心理学的主要理论之一，其发展受到皮亚杰、杜威、维果斯基等人的影响。在心理学中，一般将建构主义理论分为个人建构主义理论和社会建构主义理论。

其中，个人建构主义理论主要强调学生个体内部知识的建构及新旧知识、经验的相互作用与同化，将学生个体寻求知识的过程看作个人内部的经历，这个过程也是不断完善与丰富自己的过程。由此可看出，个人建构主义理论主张学生自主学习，希望创建以学生为主体的教与学关系，采用多种学习方式和策略来激发学生思考。

社会建构主义理论的基本观点是：学习是一个文化参与的过程，学习者通过借助一定的文化支持参与某个学习共同体的实践活动来内化有关知识，掌握有关工具；知识的建构不仅需要个体与物理环境的相互作用，也需要学习共同体的合作互动。因此，社会建构主义理论强调社会文化为个人学习带来的价值，学习交流、讨论、分享是获取知识和经验的重要途径。

建构主义理论的两种类型及其核心思想都强调个体的主动建构性、情景性及社会性，这为我们构建课堂教学基本式提供了重要的理论基础。在教学中，我们要培养学生的自主性、情境性、社会性，以学生为主体，为学生提供自主学习的环节和空间，让学生参与控制自己的学习过程，避免"满堂灌"的教学方式，通过师生互动、生生互动启发学生，促使学生主动建构知识体系。

第二章
"自然课堂"教学基本式的实践研究

"自然课堂"教学基本式的原理

"自然课堂"教学基本式的原理与设计思维、设计型学习方式有关。

设计思维是创新素养的核心能力之一，是人进行创新思考、高效解决问题的基本方法论。设计思维能够使人们在复杂的现实问题面前，迅速聚焦核心问题，高效整合现有资源，形成解决方案并不断优化迭代，最终解决问题。设计思维的关键在于三个环节：其一，校准问题点；其二，形成方案原型；其三，测试迭代。因此，教师在课堂教学中要为学生提供自主学习、充分思考、优化迭代的机会。

设计型学习方式（Design-based Learning，DBL）就是基于设计思维的学习方式。其基本定义是：学生通过设计和制作从未见过的学习对象来消化他们将要从课本中学习的知识。

设计型学习方式要求学生根据教师的要求先做一个相对完整的任务，在教师给予教学指导和评估反馈后，学生需要利用相关知识进行优化和再加工，并以正式的汇报展示成果，再根据听众的反馈继续优化自己的成果。这个过程可能会进行多轮，直至成果符合预期目标。

"预学—导学—练学—汇学"是对知识进行"设计型加工"的过程。学生在"预学"阶段对新知识的概念进行理解与加工，这是预制原型的过程；进入课堂后，学生在"导学"阶段展开问题碰撞，这是对认知进行修正的过程，在这个过程中学生会掌握很多思维加工的方法；到了"练学"阶段，在师生互动及解决（练习）现实问题的过程中，学生更加深入地对认知进行优化，并在问题解决过程中形成意义层面的理解；最后在"汇学"阶段，学生对学习过程进行梳理，总结经验和概念，建构个人知识体系，形成一个学习闭环。

"自然课堂"教学基本式的建构

基于对"自然课堂"教学基本式原理的认识，结合深圳市学生的实际情况，我们在课堂上为实现"让学生当天学的知识当堂清、当堂会"而努力。为此，我校组织教师进行研究，深入学习深圳市罗湖区教改"课堂革命"中"基本式+变式"的核心理念。通过文献查阅、专家指导、教师共同学习等方式，教师树立在课堂教学中形成依据课堂目标、学情等适当调整教学过程的意识，了解基本式的基本内涵与实施意义；在前期课堂教学中借助学习单撬动课堂教学模式改革探索的基础上，进一步挖掘学习方式的内涵，总结与发现"自然课堂"的特点；利用心流与设计型思维的理论，将"自然课堂"教学模式进行优化迭代。最终，我校教师以"预学建立概念—导学掌握方法—练学形成意义—汇学总结经验"为思路，最终形成"预学—导学—练学—汇学"的莲南小学"自然课堂"教学基本式。

一、预学——先学后教，少教多学

预学即先学。"先学"是指在教师明确且简要地提出学习目标之后，学生在一定时间内，以问题为导向，独立完成指定的学习内容，对新知识进行理解与加工。"后教"是指在学生进行了充分的自学过程之后，师生、生生间开展的互动式学习。预学环节是学习活动的基础，体现了先学后教的基调。

二、导学——以学定教，顺学而导

导学是指学生在教师引导下学习。要让学生"学"得好，学生的"问"与教师的"导"至关重要。学生与教师进行问题碰撞，学生充分表达，教师依据学生的知识水平进行引导性提问。

三、练学——以练促学，练学跟进

练学是对先前学习的补充与提升。教师紧扣课堂学习的要点，在学生完成要点学习之后，适时让学生巩固前面所学的知识，最好结合学生的生活创设练习情境，使学生对学习要点进行深度加工与优化，最终形成意义层面的理解。

四、汇学——形成结论，学以致用

汇学即总结升华、拓展延伸。学生梳理学习过程，形成自己的认识与方法，储备经验与方法，并做好将所学知识应用于其他情况的准备，实现举一反三、学以致用。

"自然课堂"教学基本式是一个完整的学习闭环，用完整的学习历程培养拥有完整思维的学生，使学生成为完整的人。

"自然课堂"教学基本式的挑战

设计型学习与传统的接受式学习的最大差别在于，传统的接受式学习是由局部知识逐步过渡到整体的"顺向"教学，而设计型学习是迅速进入整体阶段，基于高阶的逻辑向下理解、加工局部知识的"逆向"教学。这种学习方式要求教师要先从学习主题中发现并提取挑战性任务，根据课程目标和内容设计任务评估标准，再在此基础上对学生的任务完成过程进行指导并同步开展相关知识的解读和讲授。在这种学习方式下，学生的学习更多地发生在优化迭代的过程中。

因此，"自然课堂"教学基本式对教师的挑战在于：

1. 预学任务的设计

教师的良好预学任务设计是学生学习核心问题的良好开端。教师必须在充分了解课程内容、掌握重难点的基础上，设置有效的、能引发学生对新知识概念进行初步理解与加工的任务。

2. 导学点评的设计

教师认真听取学生的提问，根据评估标准发现学生在提问中表现出的不足，及时给予评价反馈，进行优化指导，以调控教学进度和修正学生的学习方向。

3. 练学载体的设计

教师需要根据本课内容的重点、难点、易混淆点，精心设计有针对性的、启发性的练习载体与任务，让学生能够在练习的过程中实现对认知的优化。

4. 汇学表达的设计

学生通过对学习的汇总表达实现对个人知识经验的建构，教师可以让学生用口头、书面、现实问题解决举例等方式来进行汇总表达。教师对表达的设计要能够促进学生对整个课程中知识经验、概念进行整合和内化，使学生能够开拓思维，掌握知识，进而能灵活运用知识。在区域"新素质教育"理念的引领下，我们将继续扎根课堂，潜心研究，勇于实践，不断探索，让以"预学—导学—练学—汇学"为基本过程的"自然课堂"教学基本式结出更加丰硕的果实。

第三章
"自然课堂"教学基本式的分学科探索

语文学科"预学—导学—练学"课堂教学基本式

深圳市莲南小学　冯永

一、"预学—导学—练学"语文课堂教学基本式的建构

在学校课堂教学改革中，我们要做的就是从优秀教师的经验中总结出教学基本式，提高课堂教学的效果。

要建构语文课堂教学基本式，首先要了解语文课堂教学的特点及课堂教学目标。《义务教育语文课程标准（2011年版）》指出，语文学科的基本特点是工具性和人文性的统一。部编语文教材催生了课堂教学变革的新理念，因此语文课堂教学需要不断变革。教材内容的大量调整不仅使教材从知识的载体成为学生的"导师"，还改变了教师的角色，突出了学生的课堂地位。在新的教与学关系下，语文课堂教学应能激发学生的主观能动性，促使学生自主学习、积极探索，提高学生的创新思维，使学生在完成学习任务的过程中深入思考、探索、练习并总结归纳相关知识，促进学生独立思考与积极参与问题解决。总之，在语文教学中，我们要让学生成为真正的主人，提升学生的学习兴趣，为学生创造自主学习、探究创新的氛围与平台。

基于以上认识，我们在课堂教学模式的探索中形成语文学科"预学—导学—练学"课堂教学基本式，借助学习单这一简单的学习工具来撬动课堂教学

模式改革。语文学科"预学—导学—练学"课堂教学基本式是我校教学基本式"预学—导学—练学—汇学"的变式。

二、"预学—导学—练学"课堂教学模式的操作过程

语文学科的核心素养是语言建构与运用、思维发展与提升、审美鉴赏与创造、文化传承与理解。这样的表述太抽象，教师们难以理解，于是我们对其进行了形象化的表述，那就是"习好字、读好书、写好文、说好话"。这里的"好"不仅是可看到的成果，还指向课堂教学模式的操作过程。在这一课堂教学模式的操作过程中，我们使用了这一工具"学习单"。它是教师根据教学的核心问题而设计的。

如《"精彩极了"和"糟糕透了"》一课的核心问题是"如何通过细致的描写来写人"，为了解决这个核心问题，笔者是这样设计学习单的：

学习单

1.听写

2.小练笔：

巴迪运用精彩的神态、语言和动作描写让我们认识了"美国好妈妈"，相信你也能像作者那样写出"中国好妈妈"。请你在动笔前，想一想妈妈夸你时的神态、语言和动作，仿照课文第一自然段写一段话。

第一项"听写"是基础，第二项"小练笔"是拓展，是围绕核心问题设计的，指向能力的提升。课堂中教师面批面改学习单，并及时总结，做到当堂清、当堂会。学习单设计好了，教学过程也就清晰了，由此可见，"预学—导学—练学"课堂教学基本式与学习联系密切，笔者仍以此课为例，谈一谈这一课堂教学模式的具体操作过程。

1. 预学——先学后教，少教多学

预学就是先学。先学，不是指学生漫无目的地学，而是指在教师简明扼要地出示学习目标后，学生带着问题在规定时间内自学指定内容。后教，不是指教师漫无目的地教，而是指在学生充分自学后，教师与学生、学生与学生开展互动式学习。在课堂上，预学可以运用到各个环节，使整个教学过程呈现出先

学后教的基调。

《"精彩极了"和"糟糕透了"》这一课的预学体现在：

（1）字词教学环节。教师出示词语后，让学生先自己读一读，然后同桌之间互相查、互相教。教师再根据学生的掌握情况进行指导。

（2）在学习课文第一自然段时，教师让学生自学：边读边画出母亲读诗后的表现的语句，体会母亲是如何夸奖巴迪的第一首诗的。在学生充分自学的基础上，学生进行小组交流、集体汇报。在汇报中，针对学生不理解或理解不到位的地方，教师适当点拨。

2. 导学——以学定教、顺学而导

导学是指在教师引导下的学习。学生要"学"得好，教师的"导"至关重要。那么教师在什么时候"导"？怎样"导"才能"导"得合时合宜呢？

（1）"导"在学习困难之时。学生在体会母亲夸奖巴迪的语言描写之后，对作者的表达方式还没有形成清晰的认识，"母亲夸我的语言最突出的特点是什么？"教师引导学生得出"作者对母亲语言的描写有些夸张"。

（2）"导"在思维发展之时。教师在课前出示课题，引导学生从题目中发现的独特之处；在结尾出示作者所写的其他作品的题目，如"聪明的糊涂和糊涂的聪明""我喜欢这个不讨人喜欢的人"等，引导学生发现作者笔法的精妙。

3. 练学——以练促学，练学跟进

叶圣陶先生曾说：课文无非是个"例子"，语文课应该是用课文教学生如何阅读、如何写作。笔者在教授《"精彩极了"和"糟糕透了"》这一课的语言训练点（即学习通过夸张的语言、动作、神态描写来写人的表达方法）之后，马上出示学习单，让学生结合生活实际创设语境并适时练笔，让语用点在课堂上落地生根。

由此看出，学习单不仅是检测课堂学习成果的工具，还是推进教学过程进行的工具。当然学习单呈现的内容也是多元化的，要根据学生学习的实际情况和课型而定。再以笔者执教的另一篇课文《奇异的琥珀》的教学设计为例，这课的教学重点是培养学生的语文思维，核心问题是"如何根据事物的特征进行推测"，因此笔者这样设计学习单：

学习单

1. 自学提示：

（1）默读课文的第一至第十二自然段，想一想科学家从那块琥珀中看到了什么，又推测到了什么，填在圆圈中；

（2）科学家是怎样描述他所推测的情形的？画出文中相关语句，写上批注。

2. 练学：你能推测吗？

考古工作者在甘肃永靖县首次发现了120多个恐龙脚印化石。我们可以看见_____，还可以想象当时_____。从这些脚印里，我们可以推测出发生在1.7亿年前的故事，并且可以知道，这儿曾经是_____。

此学习单的第一项内容不是保底检测而是自学提示，设计第一项内容的目的是指导学生用思维导图进行推测，第二项内容是学生根据恐龙脚印化石进行推测，以达到讲练结合的目的。

此学习单是如何推进教学进程的呢？在预学环节，笔者先让学生观察笔者的脸和体形来猜测笔者的年龄。当学生说出依据时，笔者告诉学生这就是推测；然后进入导学环节，笔者让学生从文本中提取信息，"作者看到了什么？推测到什么？"；最后进入练学环节，学生练习推测。

语文学科"预学—导学—练学"课堂教学基本式的落实是借助学习单这一工具来实现的。学习单的内容容易呈现但设计难，所以教师在设计学习单时要求精益求精，但不必面面俱到。这需要教师认真钻研教材，精准把握核心问题。这种课堂教学模式无论是从字面上，还是从方法上，都易于教师理解与操作。

我们设计的学习单很简单，所用的教学模式也很简单，但往往越简单的方法就越行之有效。在区域"新素质教育"理念的引领下，我们将继续扎根课堂，潜心研究，勇于实践，不断探索，让语文学科"预学—导学—练学"课堂教学基本式结出更加丰硕的果实。

数学学科"前置学习"课堂教学基本式

深圳市莲南小学　陈亚芳

莲南小学建构了"预学—导学—练学—汇学"的课堂教学基本式，数学科组也一直致力于探索属于自己学科的"变式"。经过多次研磨课与反思，数学科组逐渐摸索出了适合数学学科的课堂教学模式——"前置学习"模式。

"前置学习"模式即先学后教、练习前置。一开始，有些教师对"前置学习"模式不理解。但随着我校教学改革的推进，我校聘请多名专家（如全国生本教育实践名师、罗湖区教育科学研究院副院长靳志强）来校指导，教师们渐渐认识到"前置学习"模式的优势。此外，冯永校长让教师们"走出去"，参加校外培训，这使许多教师渐渐转变了观念，开始接受并且尝试把"前置学习"模式引进课堂。

"前置学习"模式以生本教育理念为理论支撑，生本教育是以一切为了学生、高度尊重学生、全面依靠学生为宗旨的教育，是"以学生为本"的教育。在生本教育中，教师要把学习的主动权交给学生，放手让学生展示自己、锻炼自己、提升自己的学习能力，教师只是学生学习的帮助者、指导者、同行者和激励者。生本教育强调在课程中充分发挥学生的主体作用，尊重学生个性化的发展特点，要求教师帮助、引导学生进行更积极、更有效、更快乐的学习，不断激发、调动学生的求知欲和信心，使学生获得学习动力，掌握学习方法，并从中获得自信、自尊、自爱。生本教育不仅教给学生知识，还教给学生智慧，让学生学会自己培养自己。生本教育的教学原则是先做后学、先会后学、先学后教、教少学多、不教而教，生本教育突出了学生的学习、合作和探究过程，体现了学思结合、知行统一、因材施教。

从数学学科的特点来看，《义务教育数学课程标准（2011年版）》指出，有效的教学活动是学生"学"与教师"教"的和谐统一，学生是学习的主体，教师是学习的组织者、引导者与合作者。小学数学教学任务有明确要求：教师在开展学生基础知识和基本技能教学的同时，应重视学生智力的发展、思维的启发、能力的培养。基于生本教育理论与前置性学习教学，教师在教授数学内容之前，可设置科学的前置性作业，引导学生预先自学思考，激发学生对新知识的学习热情。在授课过程中，教师以学生为本，营造宽松、和谐的课堂氛围，充分调动学生学习的积极性和参与热情，引导学生进行自主学习，充分尊重学生在数学学习中的独立思考能力，鼓励学生进行探索和论证，以此拓展学生的研究探索能力与数学思维能力，让学生在合作交流中自主探究、发挥潜能、快乐学习，从而提升数学课堂教学的有效性。

经过近几年的探索和实践，数学科组教师对这一课堂模式有了很多体会，也总结出数学课堂"前置学习"模式的教学步骤：作业前置—课初交流评比—课中互助探究—总结、归纳—巩固、提升、整理、反思。以下将结合案例具体说明。

一、作业前置

作业前置是指把本该放在课堂上完成的学习任务提到教学前完成，这既是对先学的检测，也是后教的资源。在这种教学模式下，所有教学活动都始于学习单，这也对教师提出了更高的要求。教师必须认真钻研教材，科学地设计学习单，调动学生的学习积极性，使学生在学习单的引导下独立探究、自主思考、建构知识体系。这一先学过程既激发了学生的学习兴趣，又培养了学生自主学习的能力。如笔者在执教北师大版二年级下册的《租船》一课时，为了让学生开动脑筋、经历并理解问题解决的过程、正确解释计算结果，我是这样设计学习单的：

学习单

（1）说一说，下图中"限乘客5人"是什么意思？

限乘客5人

（2）22名同学租船去游玩，每条船限乘4人，至少需要租几条船？

① 请你画一画或写一写。

② 你还能列式解决吗？试一试。

在这一学习单中，第一个问题的设计联系了学生的生活实际，对教材呈现的问题进行了再设计。很多学生家中有小汽车，学习单中的第一个问题可以帮助学生更好地理解"限乘"的意思，这是解决本课实际问题的一个重要突破口。第二个问题直指本课的核心问题，学生可以选择适合自己的方法解决这个问题。这个亲历探索的过程无疑是学生理解有余数除法算式答案的正确方式。

二、课初交流评比

教师课前回收学习单，对学生的预习情况进行全面了解。因为学习单中出现的精彩答案或问题、错误都是课堂教学中教师讲授、点拨的切入点、落脚点及与学生的交流点。据此，教师再对教学做适当的调整。下面仍以《租船》教学为例，学生在解决第二个问题时的兴趣及用到的方法有点让我喜出望外。

学生用自己的学具动手摆一摆，或者用喜欢的方法画一画、列表格，都能很好地解决本课的核心问题。这一过程既增强了学生对有余数除法算式答案的理解，又让学生对解决问题的策略有了一定的了解和掌握，增强了学生学好数学的信心。根据学生的学习单反馈，教师心中有数，对自己的教学内容及重点进行调整，提高课堂成效。

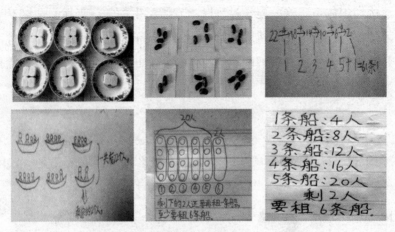

图1　学生解决实际问题所用的方法

三、课中互助探究

以小组为单位，学生在课堂上展示课前自学的知识，每名学生都有参与的机会。学生走上讲台，积极进行分析，发表自己的看法。课堂上形成人人跃跃欲试、互不相让的局面。以《租船》为例，在别人展示解决问题策略的时候，一些学生会提出疑问：

"这样拿东西摆会不会有点麻烦？"

"你的展示方法我有点不明白，在图上标记一下会更清楚。"

"用这种方法列表要写这么多字，好慢呀，有没有更简单的列表方法？"

……

这些问题有助于学生体会画图或列表的作用，明白图中、表中的某些细节会使别人理解困难。这一过程既有助于学生养成良好的学习习惯和思考习惯，又让学生的数学语言表达能力得到锻炼和提高。

四、总结、归纳

新授内容完成后，进行师生交流，教师引导学生对本节课新学知识进行回顾和梳理，总结知识点和解题方法并渗透相应的数学思想。如在《租船》一课中，学生经历了由具象到抽象的思维过程，因此教师非常有必要把有余数的除法算式和画图、列表的方法再次进行梳理，使学生明白这几种方法内在的一致性，提示学生具体情况具体分析、理解题意最重要。此外，教师要对学生进行评价，对课前认真完成学习单及在课堂上表现优秀的学生给予表扬和鼓励，树立标杆，形成敢思敢辩的学习氛围。

五、巩固、提升、整理、反思

巩固即练学环节，教师根据课堂授课内容及学生掌握的具体情况做灵活安排。教师精心准备一两道典型题，让学生当堂限时完成。批改方式可以是当堂检查；可以是"小老师"上台展示并讲解，带着学生自批或学习小组成员互批，做到"当堂清"；还可以是教师收集后课后批阅。教师还可以设计一些有难度的拓展题目，但学生动动脑筋就能"够着"，拓宽学生的视野，提升学生的思维能力，加深学生对知识的理解，高质量完成课前预设的教学任务。

　　莲南小学数学学科"前置学习"课堂教学基本式实施以来，教学质量提升明显。在区级形成性抽样检测中，我校数学课堂连续数届取得了优异的成绩。当然，在实施的过程中，我们存在一些疑惑，如怎么在低年级有效开展"前置学习"、如何量化小组互助学习的评价方式等，这些问题需要我们继续思考和探索。

英语学科"PRTP融合英语"课堂教学基本式

深圳市莲南小学　吴晓星

一、"PRTP融合英语"课堂教学基本式的探究背景

在课程改革大背景下，随着先进教育教学理论的日益发展，小学英语教学面临着新的挑战，因此探索出一种促进学生语言能力和思维品质发展、提高英语教学水平、推动课堂革命的教学模式非常重要。"PRTP融合英语"课堂教学模式以PRTP为核心，以融合理念为构架，以学生自主学习为宗旨，为有效发展小学英语教学提供了新的途径。

深圳版小学英语牛津教材以模块形式呈现，各模块围绕主题从不同方面展开，题材广泛，联系生活实际。该教材中的词汇、对话和语篇文本相对单一，机械的功能性语言训练不利于学生思维能力的发展。语言的根本目的是交际，而在现实教学情况中，由于班额大、课时紧、追求成绩、教学任务重等，教师往往进行"填鸭式""满堂灌"教学，唱"独角戏"，使教学缺乏真实情境，学生对语言学习缺乏真实的体验，教学效果事倍功半。

基于英语教材资源单一和缺乏真实情境的教学现状，莲南小学英语科组对英语课堂教学基本式进行了探究并逐步形成了莲南小学英语学科"PRTP融合英语"课堂教学的新模式。以下将结合实际教学案例，具体阐述"PRTP融合英语"课堂教学基本式在小学英语课堂教学中的应用。

二、"PRTP融合英语"课堂教学基本式的理论基础

1. PRTP教学理念

PRTP教学基本式是在PRTP教学理念基础上，结合莲南小学"根植自然，芬芳未来"的教学理念，形成的新的课堂教学模式。其核心要素为"玩中学、读

中学、思中学和练中学"，即"P" for playing（learning by playing）；"R" for reading（learning by reading）；"T" for thinking（learning by thinking）；"P" for practising（learning by practising）。

"PRTP融合英语"课堂教学基本式是基于英语学科特点和语言学习规律，从英语学科的思想与方法、知识与技能、学习与发展等方面构建课堂教学主题，以输出为导向，制订逐步实现的目标，安排分层推进的任务活动，开展主题引领，以相关材料为辅的深度教学。其摆脱了碎片化教学，让学生在真实场景中玩演乐学，逐步培养学生的英语思维能力，实现素质教育与应试教育的统一。

2. 融合英语

《义务教育英语课程标准（2011年版）》中指出英语课程应当重视学生基本英语素养的培养和思维能力的发展。语言既是交流的工具，也是思维的工具。语言学习需要大量的输入。丰富多样的课程资源对英语学习来说十分重要。英语教学应基于学生"学"和教师"教"，合理利用和开发贴近实际生活的丰富多彩的课程资源，不局限于使用教材文本，要充分利用墙报、韵诗、绘本、歌曲等资源。这就要求教师在教学中整合模块内容，适当补充教学资源，将主题、功能语言和难度相匹配的辅助材料与教材融合起来，从而丰富教学内容，充实主题，促进学生语言能力和思维能力的发展。

三、"PRTP融合英语"课堂教学基本式的实际应用

基于"PRTP融合英语"的特征及莲南小学英语学科的教学特点，莲南小学英语学科在"预学—导学—练学—汇学"课堂教学基本式的基础上，形成了英语学科教学基本式，即"PRTP融合英语"课堂教学基本式——课前范学、课中演学、课后练学。我将以深圳版小学英语牛津教材三册上第四模块"Unit 12 The Four Seasons"第一课时为例，陈述英语学科课堂教学基本式的具体实施操作。

1. 课前范学

课前范学包括两方面，一是学生对该单元知识点进行预习。如在本节课中，我设计了以下预习单，指导学生通过听读课文、观看微课、浏览教材和学习资料进行课前范学，并通过预习单检测自学情况，发现问题并带着问题听课。

预习单

Preview Mission of Unit 12 The Four Seasons

Name_____ Class_____

Ⅰ.Try to read（请在完成的题后打钩）□

spring   summer   autumn   winter   warm   hot   cool   cold

Ⅱ.Think and answer：

1.How many seasons in a year? What are they? □

There are_____seasons in a year.They are _____.

2.How is the weather in spring/summer/autumn/winter? □

In spring，it is_____.

In summer，it is_____.

In autumn，it is_____.

In winter，it is_____.

3.What can you do in spring/summer/autumn/winter? □

In _____，I can_____.

4.What colour is spring/summer/autumn/winter? □

5.Which season do you like best? □

I like _____ the best.

Word bank：spring/summer/autumn/winter/nice and warm/sunny and hot /windy and cool/ cloudy and cold/ see beautiful flowers/have a picnic/ go hiking /plant trees / go to the beach/eat ice cream/swim/ make sand castles/fly a kite/ride a bicycle/make a snowman

Ⅲ.四季主题收集（也可附在收集本中）

二是学生根据该单元主题、知识要点和学习目标，收集相关资料，包括与之相关的主题词汇、主题表达、主题歌谣、绘本故事、文化背景等。通过课前了解、学习和提炼，学生在课前具备相关知识储备。通过学生主动摸索、自主学习、积极构建的过程，教师引导学生进行课前范学，培养学生的自主学习能力，激发学生的内在潜能。如在本节课，我将学生分成八组，分别布置各组学生收集与四季相关的资料，这一做法既可以丰富课程资源，又可以达到拓展思维的目的，使学生做好课前准备。

表1 资料收集表

组别	收集内容
Group 1	四季气候词汇
Group 2	四季活动词汇
Group 3	四季服装词汇
Group 4	四季食物词汇
Group 5	四季歌曲
Group 6	四季韵诗资料
Group 7	四季绘本故事
Group 8	四季节日

2. 课中演学

课中演学指的是教师导演和学生演练，具体教学步骤如下：热身/复习活动—新知呈现—语言操练—综合运用—学习小结—布置作业。

（1）热身/复习活动环节（Warming up/Revision）活动多样，如师生自由交流、唱歌、读韵诗、做游戏等，能有效帮助学生激活旧知，调动学生的学习积极性，使学生进入学习状态。

播放歌曲 *Seasons Song*，导入主题 "The Four Seasons"。

T：Let's enjoy a song. What's the song about?

Ss：Seasons.

T：How many seasons are there in a year?

Ss：Four seasons.

（2）新知呈现阶段（Presentation）是学生语言输入的初级阶段，也是整节课的重要环节。这一环节的呈现方式多种多样。在本节课中，我通过课件、音频、摄影作品、视频、唐诗、绘画及游戏等呈现春夏秋冬四季，引导学生感受四季之美。

我通过声音和动态图营造出鸟语花香、绿意盎然的春天景象，设置情景，引导学生感受春天并进行联想。

T：Listen! What can you hear? What season is it?

Ss：It's spring.

T：What can you see in spring?

Ss：I can see flowers/bees/...

T：How's the weather?

Ss：It's nice and warm.

我通过海浪和沙滩嬉戏声导入夏天，通过海滩热闹景象引导学生对夏季活动进行描述。

T：What season is it?

Ss：It's summer.

T：What can you do in summer?

Ss：I can eat ice creams/swim/...

T：How's the weather?

Ss：It's sunny and hot.

我引导学生自由朗读英文版《山行》，在字里行间感悟深秋之美；通过呈现秋天爱晚亭枫叶飘落的摄影作品，进一步引导学生感悟诗中秋的浓意，同时鼓励学生用自己的镜头捕捉独特的季节之美。

T：Look at this poetry and guess what season the poet describes.

Ss：Autumn.

T：This poetry is translated from a very famous Tang poetry. Do you know what is it?

Ss：*Shanxing*.

T：Look at the maple trees.How are they?

Ss：They are beautiful.

T：How's the weather?

Ss：It's windy and cool.

我通过白雪皑皑的冰雪世界视频引导学生感受北方冬季之美，并请学生结合实际谈论深圳的冬天。

T：What season is it?

Ss：It's winter.

T：How's the weather?

Ss：It's cloudy and cold.

T：What can you do in winter? Can you see snow in Shenzhen?

Ss：No.

（3）语言操练（Practice）是教学的关键阶段，对学生学习和掌握语言起到至关重要的作用。在新知呈现的基础上，大量的语言操练必不可少，这样才能真正达到有效的语言输入。语言操练的活动形式有韵律歌谣、游戏、替换练习、歌曲表演、问答、小组合作等，活动既可发生在师生之间，又可发生在生生之间，如pair work或group work。如在本节课中，学生通过看图片猜单词强化四季词汇（spring、summer、autumn和winter）和气候词汇，通过看图连线将形容词与季节联系起来，通过chant强化对句型In...、It is...的理解和运用。

（4）综合运用阶段（Production）是学生语言输出的重要阶段，旨在让学生在真实语境或模拟语境中真实运用语言、掌握语言。活动形式多种多样，如role play、do a survey、interview、discuss、talk and share等。

Task 1：Color and say

我将绘画融入课堂，引导学生选择自己喜爱的季节并根据自己的理解涂色，在涂色过程中感悟四季的色彩，鼓励学生思考，说一说自己心目中四季的颜色。

T：What's your favorite season? What color is it? Let's color it.

小小画家，大大世界，每名学生是小画家。学生在体验中学习知识，在学习中发展思维。

Task 2：Say and share

我先说一说自己喜欢的季节，进一步深化问题"What's your favorite

season？Why？"并引导学生用句型"I like..." "It's..." "I can..."。学生以小组为单位介绍自己喜欢的季节。

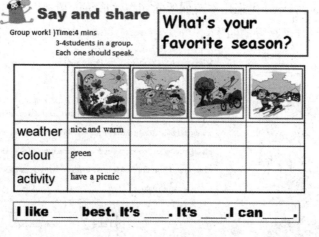

图1　课堂学习单

（5）学习小结阶段（Sum-up）是对整节课进行综合回顾的环节，包括对知识点的总结归纳、学生课堂表现、学生目标达成效果和适当的学法指导。如在本节课，我采用师生共同总结的方法，先进行学法指导，再引导学生根据板书对本节课的知识点进行总结。

T：What do we learn today？（问学生是否喜爱四季，进行情感升华）

T：Different seasons have different colors and different seasons have different weather.Let's enjoy the beautiful seasons and enjoy the life.

（6）布置作业（Homework）。有效的作业能帮助学生对语言知识与语言应用及时进行考察和强化巩固，进而查漏补缺，熟练掌握。作为语言学科，英语作业须注重书面作业和口头作业结合。除抄写和听读背作业外，教师还应结合课程主题特色和学生实际，设计一些联系生活实际、能激发学生学习兴趣并促进学生思维发展的高质量作业，使学生在做中学，达到语言学以致用的目的。

3. 课后练学

课后练学是在课后巩固所学的环节。在课堂结束之前，教师布置作业，有针对性地引导学生对课堂学习的内容进行深度加工并练习。如本节课，我通过Write and share引导学生运用本节课所学句型完成练习单上四季的描述，动笔画一画、写一写自己喜爱的四季。

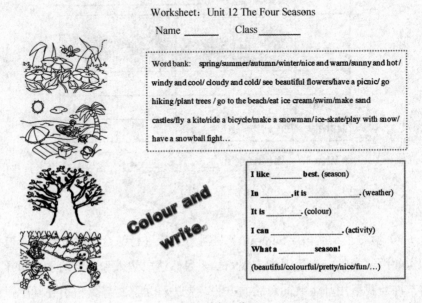

Worksheet：Unit 12 The Four Seasons

Name _____   Class _____

Word bank: spring/summer/autumn/winter/nice and warm/sunny and hot / windy and cool/ cloudy and cold/ see beautiful flowers/have a picnic/ go hiking /plant trees / go to the beach/eat ice cream/swim/make sand castles/fly a kite/ride a bicycle/make a snowman/ice-skate/play with snow/ have a snowball fight…

Colour and write.

I like _____ best. (season)

In _____ , it is _____. (weather)

It is _____. (colour)

I can _____. (activity)

What a _____ season!

(beautiful/colourful/pretty/nice/fun/…)

图2　练习单

从以上课例可见，"PRTP融合英语"课堂教学基本式对小学英语教学具有指导意义，使教学目标更明确，使教学设计和课堂教学更高效，真正以学生为中心。因此，将"PRTP融合英语"课堂教学模式应用于小学英语教学具有实际意义，值得推广。

科学学科"问—猜—设—探—结—用"课堂教学基本式

深圳市莲南小学　张　志

一、"问—猜—设—探—结—用"课堂教学基本式的建构

新课改以来，"如何上好一节课？如何提高课堂效率？如何让教师讲得少而学生学得多？如何让学生在课堂上受益最大？"是我们一直在探索的教学问题。在学校领导的带领下，科学科组用"问—猜—设—探—结—用"课堂教学基本式这把钥匙来打开"提高课堂效率"这扇大门。

科学课堂教学基本式是在"自然课堂"教学基本式的基础上建构的，结合了莲南小学学科基本式的相关理论与学科本身的特点。"自然课堂"教学基本式的理论基础之一是建构主义理论，其是一种基于观察和科学研究的理论。根据建构主义中关于知识建构过程的描述，在教学过程中，我们坚持以学生为中心，重视学生在应用情境中的积极自主探究，通过探究体验引导学生主动建构知识的意义，习得学科知识信息与问题解决方法。

探究是科学学习的核心，开展科学探究活动是科学课堂教学的重要环节。探究既是科学学习的目标，又是科学学习的方式。也就是说，亲身经历以探究为主的学习活动是学生学习科学的主要途径。因此，在科学教学中，教师根据探究式教学理论开展教学设计，让学生在探究过程中充分活动、亲身体验科学探究，激发学生的好奇心与探究的欲望，在提问、假设、质疑中培养学生的问题意识，在尊重事实和科学验证中培养学生的实证意识，在严密的逻辑推理中培养学生的理性思维意识，从而使学生树立科学的探究思维，培养学生的合作能力与实践能力。

在科学课堂教学基本式中，首先，教师要以生活中的科学为逻辑起点，从学生的认知特点和生活经验出发；通过创设问题情境进行启发式教学，激发学生的学习动机，培养学生解决问题的科学思维能力。因此，教师在教学中应先创设问题情境，再引导学生发现并提出问题。

其次，科学的猜想与假设是科学探究的先导和价值所在，是科学探究过程的重要环节之一。教师应鼓励学生大胆猜测，勇于质疑，提出独特见解，不断引导学生根据已有经验和知识发现问题、提出问题。通过小组合作学习，学生共同参与探究、讨论，相互启发、互补，以集体智慧解决个体无法解决或短时间内难以解决的问题。因此，教师在教学中要引导学生以小组形式进行猜想、假设并设计实验方案。

再次，自然科学是以实验为基础的科学，科学知识学习的最基本特征就是以实验为基础。在教学中进行实际的实验探究有助于增强学生学习科学知识的效果，提高学生的科学知识、科学精神和科学方法等素养。

然后，学生对探究实验中发生的各种现象和实验结果进行全面、深入的探讨分析，从而获得实验结论，这一过程有助于培养学生的分析和总结能力，促进学生科学思维的发展，使学生掌握探究和解决问题的策略，形成通过实验解决问题、通过亲身探究获取知识的科学学习习惯。因此，在探究活动后，教师应组织学生进行实验结论分析与总结，引导学生自行构建科学知识体系，达到课程目标。

最后，小学科学课程标准积极倡导开展学生探究学习活动，深化学生对科学本质的理解，鼓励学生用科学的思维方式解决自身学习、日常生活中遇到的问题。在进行探究实验后，学生在熟悉的生活情境中了解科学与日常生活的密切关系，逐步学会分析和解决与科学有关的一些简单的实际问题。在课程的最后，通过拓展应用环节，学生将所学知识与生活实际相结合，进行探究与思考，学以致用，形成科学的解决问题的思维。

综上，"问—猜—设—探—结—用"课堂教学基本式是学生对问题进行猜想、设计实验方案、确定实验方案、利用一定材料组装实验模型、控制实验条件、通过实验产生某种实验现象、分析实验现象、得出实验结论的认知过程，是科学课堂中最基本的教学模式。

二、"问—猜—设—探—结—用"课堂模式的操作

1. 问：提出问题

教师首先通过创设问题情境，引导学生发现并提出问题。在上课的时候，教师先播放一些物品发出的优美动听的声音，为学生创设一个提出问题的情境，引导学生提出问题。"同学们听了刚才物体发出的优美声音，如果自己也想要发出这样优美的声音，我们要了解声音的什么知识呢？"

通过引导，学生会提出很多问题，如"声音是怎样产生的""为什么不同的物体发出的声音不一样"等。

2. 猜：猜想、假设

师：要探究声音是怎样产生的，我们先要试着让物体发出声音。

教师先通过发声实验让学生体会发声的过程，然后引导学生做出"声音是怎样产生"的实验假设。

师：同学们，通过发声实验，你们认为声音是怎样产生的？

教师引导学生大胆猜测。学生可能猜测声音是通过拍、敲打、摩擦、撞击等方式产生的，也可能猜测声音是通过振动产生的。为了防止学生随意猜测，教师还可以追问一个"为什么"。学生可以猜对也可以猜错，不管学生的回答是对是错，教师都应该给予鼓励，保护学生的自信心与积极性。学生通过班级分享与讨论发现有些物体通过拍、敲打、摩擦、撞击发出了声音，但有些物体没有通过拍、敲打、摩擦、撞击也发出了声音，所以声音的产生与物体的振动有关。

3. 设：设计方案

师：同学们，怎样证明声音是由物体振动产生的？请同学们小组讨论，设计出实验方案。

生1：我可以拨动尺子，观察尺子发声时是否在振动，或者观察尺子不振动时是否能发出声，如果发声时物体不振动，那么就说明声音就不是由物体振动产生的。

生2：我可以在鼓面上撒一些绿豆，敲打鼓面让鼓发出声音，观察绿豆是否跳动，如果绿豆跳动，那么就说明声音是由物体振动产生的。

生3：我可以在水中敲击音叉，使音叉发出声音，观察水面是否有水花溅

起，如果有水花，那么就说明声音是由物体振动产生的。

4. 探：实验探究

根据同学们设计的实验方案，教师引导学生进行实验，同时提醒学生一些注意事项，如注意保护实验器材，敲击时不能用力过大，要用毛巾擦干实验过程中溅出来的水等。学生边实验边记录实验现象，完成实验记录单。

5. 结：得出结论

学生分析与总结实验现象，以小组为单位分享自己的实验过程，得出结论：声音是由物体振动产生的。在此过程中，教师注意引导学生准确、完整地表达自己的实验结论，培养学生分析、总结的能力。

6. 用：拓展应用

师：通过实验，我们知道了声音是由物体振动产生的，那么你们知道人类是通过哪个器官发出声音的吗？请同学们摸一摸自己的喉咙，一起说："啊——"来感受一下我们发声时喉咙的振动吧。

师：我们的耳朵是怎样听到声音的呢？请看视频。（播放视频《人耳听到声音的过程》）

"问—猜—设—探—结—用"课堂教学基本式是科学课堂中最基本的教学模式，我们要不断探究如何用这一教学模式提高学生的科学素养，将科学教学基本式应用于课堂实践中，在实践中完善科学课堂基本式，不断提高科学课堂的教学效果。

音乐学科"设境致导—分层导学—实践创造—拓展延伸"课堂教学基本式

深圳市莲南小学　唐瑞琦

音乐学科是直通心灵的艺术类学科，教师要在实际教学中激发学生的兴趣，使其自觉认识和理解音乐。我们要改变过于形式化的音乐教学方式，采用创设情境、游戏等教学方法，调动学生的积极性，增进学生对音乐的理解。小学音乐学科的课堂教学模式应既有循序渐进的规律性，又有随机应变的灵活性，使学生可以更多、更快、更愉快地接受知识。小学生求知欲强，活动性大，模仿力强，但持久性和耐力差。教师在教学中应注意采用灵活多样、生动活泼、通俗易懂的方法进行教学，这样才能收到预期的教学效果。因此，我们根据自身特点，建构了"设境致导—分层导学—实践创造—拓展延伸"的音乐课堂教学基本模式。

有这样一句教育名言："Tell me, I will forget. Show me, I may remember. Involve me, I will understand." 其意思是"告诉我，我会忘记；给我看，我会记得；让我参与，我会理解。"音乐绝不只是单独的音乐，而是和动作、舞蹈、语言紧密结合在一起的。人们不是作为听众，而是作为演奏者参与其中。那么，如何在各个环节里让学生尽可能参与教学活动？下面我以《快乐的木匠》一课为例介绍。

一、设境致导

一堂音乐课的开端非常重要，成功的导入能大大提高教学效率，能让师生尽快进入教学状态，并为下一环节做铺垫。常用的音乐导入法如下：情景诱趣法，吸引学生的注意力；律动参与法，增强学生的情感体验；悬念设疑法，引导学生产生探索的欲望；言语煽情法，抓住学生的学习情绪；故事引入法，提高学生的领悟能力；音画设计法，唤起学生的参与愿望。

在《快乐的木匠》一课中，我的导入方法是让学生席地而坐，随着我弹奏的不同速度、力度的《快乐的木匠》旋律，用相应的速度、力度拍手。所有学生既聆听了需要学习的旋律，又全神贯注地分析旋律发生了怎样的变化，做出相应的律动。短短几分钟，所有学生都兴奋起来，能更好地迎接下一环节的学习。为了让学生能进一步记住旋律，我让学生是在教室里围成大圈，学生随音乐风格的变化边走边做符合音乐风格的动作。没有固定动作，可以随心表达，每个人都在做自己的动作，没有被人注视，因此学生能放松、大胆地参与活动并表达自己的感受。

二、分层导学

歌唱教学一般有如下步骤：聆听或范唱歌曲—教读歌词—学唱乐谱—学唱歌曲—攻破难点。如何引导学生进行歌曲学习，让学生全程参与不走神？这就需要教师变换教学方式。

仍以《快乐的木匠》为例，我来谈一谈如何层层递进教唱歌曲。首先，教师和学生围成大圈席地而坐，每个人都能看到其他人的脸和表情。学生需要一边听教师唱旋律一边记住教师的动作，这段旋律正是在导入部分反复出现的。其次，教师唱一遍旋律，学生重复做一次动作。每个人都很努力地回忆刚刚看过的动作，生怕把动作顺序记错了。每个人都能看见别人做的动作，自己做错了马上就改过来，活动让学生加深了对旋律的印象。再次，教师可以让音乐学习能力较强的学生试唱不同动作对应的乐句。学生可以马上唱出前两个乐句。于是，教师和学生一起完成接龙唱，一部分学生唱第1乐句，另一部分学生唱第2乐句，教师接唱第3、4乐句，这样所有人就基本记住这首歌的唱法了。但此时学生都没有唱歌词，只是用"la"唱。长时间进行围圈活动，学生会感到疲劳。接着，教师让学生随音乐踏节拍回到面对屏幕的小组位置，进行歌词的学习。学生回到小组位置后，教师用大屏幕展示歌词，师生一起分析歌曲中最难的第3、4乐句。解决完难点，教师点学生挑战唱全曲的乐谱（能把乐谱唱好，歌词就基本没有问题了）。最后，教师解决一字多音的问题，整个歌曲的教学就完成了。

三、实践创造

著名作曲家、音乐教育家奥尔夫先生说过："音乐能唤起孩子的即兴和创造的潜在本能，并为孩子的自发需要而存在"。在音乐学习中，学生本能地表演唱、奏、跳并不难，甚至可以表现出一定的水平。因为出于本能的唱、奏、跳是符合人的天性的，在这一过程中，学生没有担心"学不会"而挨训或丢面子的负担，会得到不同程度的满足感。这种自然流露的形式有助于促进学生即兴发挥的创造力的萌发。这种创造力的萌发和教师的表扬能促使学生愉快地学习各种音乐技巧。

在《快乐的铁匠》一课中，教师要介绍歌曲原题材是巴洛克时期作曲家亨德尔的钢琴变奏曲《咏叹调与变奏》。《咏叹调与变奏》由主题和五个变奏组成，全曲时长较长，如果让学生一动不动地安静聆听，是比较困难的。因此，在已经充分掌握了主题音乐后，教师可以让学生在每次变奏发生时进行创造。以小组为单位，学生摆出第一个造型作为主题造型，当听到发生变奏时变换第二个造型。以此类推，需要变化五次造型，每次造型的改变都是在告知教师，学生明白变奏在发生。这样的活动既能让学生全神贯注地聆听，又可以充分发挥学生的想象力和合作能力。全体学生参与活动，乐此不疲。

四、拓展延伸

在学生学会了歌曲或基本了解了欣赏课内容的基础上，教师进行课堂小结，对学生的课堂表现进行简单评价，同时可以布置延伸内容，把学生的学习兴趣引申到课外。歌曲课堂教学的主要目标是让学生会唱歌曲，一切手段和方法都是为吸引学生的注意力而采用。当然，会唱歌曲并不是音乐课教学的最终目的，但是学生首先必须学会歌曲，在此基础上，教师引导学生了解更深层次的音乐内涵，这就是音乐课的拓展。音乐课的拓展内容应该与学生现有的知识相联系，拓展后要回到音乐中。

学会唱《快乐的铁匠》、了解和欣赏《咏叹调与变奏》后，教师可以进一步延伸变奏曲，如用莫扎特的《小星星变奏曲》做拓展。教师可以把无固定音高打击乐器碰铃、三角铁等和有固定音高打击乐器高音木琴、中音木琴和低音木琴交给学生（建议只留1、3、5三个音条，会更和谐一些）。主题是教师演奏的《小星星》，然后在第一变奏加入无音高打击乐器，接着在第二变奏加入低音木琴……在延伸的部分，教师可以激发学生更多的音乐创造潜能。

音乐学习的过程是首先参与体验，然后有所感悟，最后大胆表达。只有让参与体验贯穿于"设境致导—分层导学—实践创造—拓展延伸"的音乐教学过程，才能使学生真正在音乐的海洋中畅游。

美术学科"想—做—玩—赏"课堂教学基本式

深圳市莲南小学　高宝峰

　　美术教学是培养学生创新精神、想象力和实践能力的重要途径。美术课堂教学承担了美育使命，在新的教学理念及教与学关系的建构下，美术课堂有了进一步的优化。首先，在美术课堂上，教师要为学生设置活动情境，充分发挥学生的形象思维能力，在情境中激发学生的自主活动意识。其次，在美术课堂上，教师要提升学生的主动性。由于美术教学是具有趣味性、实践性、直观性的教学，美术教学应当建立在学生主动活动的基础上。最后，在美术课堂上，教师应当让学生主动实践，促进学生自主反思，引导学生积极表达个人观点，展示自己的美术实践成果。

　　为了改变传统美术课堂上"教师示范，学生跟画；教师照本宣科，学生照搬照做"的单调教学模式，打破学生的想象力和创造热情被禁锢的局面，让学生充分发挥学习主动性、有创造性地学习，我们采用"想—做—玩—赏"的课堂教学模式。教学实践证明，这种教学模式能够更好地提高学生的实践能力和创新能力，发展学生独特的艺术思维，引导学生团结互助、共同进步，给学生营造宽松、愉悦的课堂学习氛围，切实有效地提高美术课堂的教学效率。

一、想

　　如果失去了想象力，世界将会怎样？没有想象力，就不会有日新月异的科技发展，没有想象力的艺术创造是无本之木。黑格尔说："最杰出的艺术本身就是想象。"儿童阶段是人一生中最具有想象力的时期，儿童的思想能毫无阻碍地驰骋，这也是培养一个人想象思维的重要阶段。彩色的天空、神秘的海洋、充满未知事物的雨林……一切事物在儿童的眼里、心上都是与众不同的，都会令他们插上想象的翅膀。然而令人忧虑的是，儿童所处的社会环境和现行教育方式限制了儿童的想象力。儿童常常会不安地问："我画得像不像？"因此，教师应结合美术学科的特点，在课堂教学中积极创设生动和谐的氛围，引导、鼓励儿童大胆想象，保护他们想象的勇气和欲望。

教师应引导学生提前了解、思考要学的内容，在预知预学的基础上进行学习和创作。教师应在讲解前留给学生想象、构思新知识的时间，促使学生自己动脑思考。艺术不是对现实的简单模仿。教师或提供视频，或分享音乐，或讲述故事，或展示作品，努力调动学生的多种感官，帮助他们产生更多的体验，给学生提供想象的土壤。实践证明，学生很喜欢授课前自己想象、猜想、发表见解的环节。当然，他们的表达不一定正确，但这是他们对新知识的本能理解，这一理解源于他们的生活经验。因此，学生的想法是教师应该关注的生长点。教师不能轻易否定学生不合常规的想法或以"异想天开""胡编乱造"等评价学生，伤害他们的自尊心和自信心。在学生表达自己的看法和想象内容时，教师应该认真倾听，充分肯定，不用自己的观点制约儿童，应鼓励学生敢想、敢说、敢做。

二、做

教师以预学思考环节为基础，在教学中引导学生提出问题，进一步激发学生解决问题的积极性和探索学习方法的兴趣，达到"做中学"的目的。

学生有了自己的想法后，就会产生验证自己想法的欲望。教师应以此为切入点，引导学生发现问题、提出问题并独立思考解决问题的方法，以提高教学效果。"想—做—玩—赏"课堂教学模式的"做"环节为学生提供了大胆尝试的机会，也为学生提供了表现和合作的平台。学生的第一次尝试过程一定是问题频出的，这会促使他们向教师请教或与同学交流，小组合作在这一环节变得真实而有效。孔子云："独学而无友，则孤陋而寡闻。"在美术手工课中，教师应组织学生开展合作式学习，采用多种合作方法（如邻桌合作、前后合作、自主配合合作）完成作品的创作，使每名学生都有事可做并能够共同进行创作。这一过程不仅能使每名学生的美术技能得到锻炼，提高课堂效率，还能使学生学会与人协作配合，进一步加深学生之间的情感和思维交流，帮助学生认识合作学习的重要性，体会集体智慧的力量。这在无形中培养了学生的团结互助精神，让他们乐于与人交往，擅于与人交往。

三、玩

教师应帮助学生在学习美术技巧和进行美术创作的"玩"的过程中找到乐趣，体验成功的喜悦，轻松愉悦地掌握知识。如果把学习与玩耍结合起来，那么对于学生来说，学习就成为一件有趣的事情了。在进行美术教育时，教师应在尊重学生、顺应学生自然发展的前提下启发、引导学生，更多地采用游戏式的方法完成教学任务，让学生在玩中学，激发他们兴趣及创造的积极性。例如：手工制品完成了，学生们比赛一场，在这个过程中，谁的作品更精巧就不言而喻了；设计方案完成了，学生们想一想自己的设计可以应用到教室的什么位置，以小组为单位进行"实地考察"，在这个过程中，艺术与学生的生活来一次"亲密接触"；画作完成了，学生们想一想怎么让画"活"起来，谁画过类似的画……学生们在一次次"玩耍"中，对自己的作品产生了新的想法，体验到更多的快乐。

四、赏

"赏"是一节美术课最重要的环节，不但可以使学生开阔美术视野，而且可以让学生在欣赏中学到更多的美术思维及创作技巧。在美术教学中，欣赏是贯穿整个美术课堂的，教师可以组织学生赏名画、看古迹、品味各种艺术流派的蕴含奇思妙想的艺术作品，以及欣赏身边同学的优秀作品。从某种意义上说，欣赏同学的优秀作品更有激励作用和借鉴价值。因为学生们的美术水平接近，他们会更容易接受及模仿身边优秀的作品。在教学中，我更多地采用让学生展示自己作品的方法，让学生从自己的视角出发对自己的作品进行评价，引导学生发现作品的精彩之处并发表独特的见解。学生品评自己作品的过程也是他们对美术思维和创作方法进行总结和升华的过程，这有利于学生调整自己的方法和借鉴他人的方法。这对激发学生的创作灵感、培养学生的创新精神有极大的意义和作用。另外，"赏"环节给学生提供了一个展示自我的平台，让学生感受到成功的喜悦，从而爱上美术、爱上创作。

"想—做—玩—赏"的课堂教学模式能调动学生的学习主动性，有利于培养学生的美术创造思维和想象力，使美术课堂充满乐趣并富有实效。

为了能够更好地阐述本模式在教学中的实际运用，下面以我执教的《生动的纸造型》一课为例来具体说明。

折纸是造型艺术最基本的语言之一，本课的学习内容是立体折纸。为了能进一步提升学生的学习和创作兴趣，我在课堂教学中不仅教学生制作简单的折纸立体造型，还引导学生动手制作既美观又有趣的折纸玩具，寓教于乐。本课旨在引导学生用剪折纸的方法进行立体造型，触摸造型实体，体验空间的变幻，产生心灵的共鸣，抒发美好的情感；提高学生的空间想象力和立体造型能力。

结合本课的教学内容，我制订了教学内容与目标：

（1）显性内容与目标：运用折纸的方法制作一个会动的、独特的纸造型。

（2）隐性内容与目标：培养学生的折纸兴趣。

（3）能力及审美：培养学生的创造力、想象力、动手实践能力及精细、严谨的美术手工制作精神。

教学重点：用纸设计会动的纸玩具。

教学难点：①可以让哪些部位动；②如何与形象巧妙结合。

为了能够高效完成教学目标、突破课堂教学中的重点难点，我设计了四个教学环节。

1. 激趣引入，想象创造

教师引导学生思考、回忆自己会做哪些能动的折纸作品（纸青蛙、纸鹤等），然后出示自己制作好的剪折纸作品——燕子。教师引导学生分析燕子的制作方法，思考它会动的原因并尝试复制；鼓励学生在动手制作时融入自己的想法。

教师在这一环节帮助学生巩固已有的美术知识，引导学生观察作品并思考，引导他们积极"想"制作的方法，以预促学，为进一步展开教学做准备。

2. 尝试制作，边做边学

以小组为单位进行合作学习，小组成员讨论小组挑选的剪折纸作品的制作方法，在动手制作的过程中加入本组同学的创意。

（1）小组合作分析挑选的作品。

① 在剪的基础上折出了怎样的造型？为什么这样做？最终制作出了什么形象？

②什么部位可以动？

③可以把剪折纸作品燕子变成其他飞鸟造型吗？

（2）小组长汇报，其他组员补充，全组意见达成一致后所有人开始制作。

在这一环节中，学生在实际操作过程中遇到问题、解决问题，对解决问题和学习产生兴趣。教师只在关键处给予适当的指导和提示。让学生成为彼此的老师。

3. 把玩互评，各抒己见

教师组织学生把玩别人的作品，交流意见，看看谁的作品制作得最精美、最有创意，体会创作带来的愉悦和成就感。

4. 鉴赏精品，再次创新

教师出示其他艺术作品及学生创作的精品，引导学生从造型、设计、色彩等美术角度欣赏，提升学生的审美能力，激发学生再次创作的欲望。教师要让学生明白剪折纸作品燕子只是用剪折纸方法制作的一个作品，只要愿意动脑筋，就能用同样方法创造出更多飞鸟造型。

"想—做—玩—赏"是我们对美术教学基本式的一次摸索与探究，相信通过不断进行教研反思、不断进行深入研究，我们一定会获得更多成果。

体育学科"思·展—范·练—拓·练"课堂教学基本式

深圳市莲南小学　叶晓华

体育游戏是小学体育课堂中体育教师最喜欢采用的教学形式，体育游戏虽然是游戏，但其本质还是体育活动。体育游戏不仅具有娱乐性、趣味性和知识性，还把体力锻炼与智力开发结合在了一起。学生们都很喜欢参与体育游戏，因此，体育游戏在小学体育课堂中占有十分重要的地位。

一、"变式"体育游戏的创编理念

随着我国社会经济环境的日新月异，小学体育课堂的游戏内容也发生了巨大的变化。由于一些原因，过去的体育游戏已经不能契合当今的体育课堂。比如留在"80后""90后"记忆里的"老鹰捉小鸡"游戏，就已经不适合当下的学生了。"老鹰捉小鸡"这样的游戏本来就有潜在的不安全因素，硬化的地面也加大了学生受伤的可能性。因此，如何就地取材、因地制宜地创编出安全系数高、符合教学实际的体育游戏，是摆在我们每位"水平一"体育教师面前的重要课题。笔者认为体育游戏的创编应遵循"健康第一"的指导思想，要激发学生的运动兴趣，培养学生的规则意识和运动习惯，切实提高学生的身体素质。

1. 坚持以"健康第一"为指导思想的创编理念

新课标中明确提出了体育与健康课程要坚持"健康第一"的指导思想，促进学生的身体健康。体育游戏是体育课堂的重要组成部分，体育教师在进行新的体育游戏开发时，要把"健康第一"的指导思想落到实处。如果违背了这一理念，那么后面所有的游戏创编工作将是徒劳的。同时，体育教育要把提高学生的身心健康和社会适应能力放在首位。在选取游戏素材时要能够熟练而灵活地运用体育、心理、社会、生理、安全和营养等领域的相关知识，只有这样才能创编出既安全又被学生喜欢的体育游戏。

2. 遵循激发学生的运动兴趣的创编理念

体育游戏的直接目的是激发学生在课堂上的运动兴趣，让学生能够上好体育课。为了激发学生的运动兴趣，同时考虑到一、二年级学生的身心特点，教师应创编负荷和强度适宜、富于变化且新颖的游戏内容和形式。在体育课堂上，教师可以安排一个游戏，也可以安排多个游戏，但不论是哪种情况，都要保证游戏的内容和形式富于变化且新颖。比如一节课中只安排一个游戏，那么教师可以选择"抢滩登陆"这种过关类游戏，每关考验学生的一项身体素质；如果安排多个游戏，那么教师可以把"找朋友""小青蛙捉害虫""轰炸碉堡"三个游戏安排在一起，每个游戏考验学生的一项身体素质。体育教师还可以结合本节课内容，有侧重地把跑、跳、投等教学内容选作游戏素材，同时注意保证一节体育课的练习密度，争取最大限度地激发"水平一"学生的运动兴趣。

3. 培养学生的规则意识和运动习惯的创编理念

体育游戏是体育课堂上的重要内容，有助于提高学生的身体素质，是培养学生德育、智育和美育的重要途径。以校园足球为例，一位学者说，国内外足球水平的最大差距是国内外青少年球员的规则意识和运动习惯这些软实力的差距。"水平一"学生正处于行为习惯养成的最佳时期。体育教师通过创编符合学生身心特点的体育游戏，培养学生的规则意识，让学生从小确立公平、公正、客观、理性及良性竞争的价值观，形成终身体育的意识，这对我国的体育事业来说是一件好事。

4. 切实提高学生的身体素质的创编理念

体育游戏的根本目的是促进学生身心的健康发展。因此，在创编体育游戏时，教师应根据实际班级的人数、游戏场所、需要使用器材、活动时间的长短等确定全班学生的平均运动负荷。同时，教师在创编游戏时要做到两个"尽可能"：一是要尽可能快地让学生参与游戏，规则的讲解要简单明了；二是让学生尽可能多地在游戏中活动起来，减少不必要的等待时间。

二、"变式"体育游戏在"水平一"课堂基本式中的运用

在体育教学过程中，我校体育科组教师在"思考体验、学生展示（思·展）—教师示范、学生练习（范·练）—拓展延伸、体能练习（拓·练）"教学基本式的基础上，结合"水平一"学生的身心年龄特点，合理地创编并运用体育游戏，充分发挥体育游戏这个"变式"的作用，以此提高学生的运动参与程度，提高学生的运动技能，促进学生的身体健康，增强学生的社会适应能力。

1. 体育游戏在基本式"思·展"环节中的运用

在"思考体验、学生展示"环节，教师可以用"报数"游戏、"反口令"游戏等或安排一些与课堂教学内容有关的热身小游戏来激发学生的学习兴趣。学生通过体验游戏建立感性的认知，主动思考。比如，我在进行一年级立定跳远教学时，创设"青蛙学本领"的游戏情境，用启发式教学法引导学生模仿各种动物的行走方式，逐步过渡到青蛙的行走方式。这样，就自然地促进了学生的自主学习，发挥了学生的主体作用，让其自发地思考如何学会运动技能。教师只在必要的时候给予引导和帮助。当然，在设计此环节的游戏时，教师还要注意全体学生的参与程度，可以在游戏前提出问题，让学生边游戏边思考，为后面的学习做好铺垫。

2. 体育游戏在基本式"范·练"环节中的运用

在实际教学中，"水平一"学生注意力集中时间短，不能长时间地投入学习中，导致练习效果不理想。如果这时插入体育游戏，那么就可以使单调、枯燥的练习变得生动、有趣，不仅提高了学生学习的积极性，还促进了学生运动技能的形成。比如，在"水平一"学生练习队列队形原地转法时，我会和学生一起参与"反口令"游戏，为学生做出正确的示范。学生也在玩的过程中自然地掌握了正确的原地转法的动作要领。需要注意的是，引入游戏的时机很重要。一般来讲，不建议在学生动作形成的初始阶段进行体育游戏，在学生动作技能基本形成后的巩固与提高阶段适合采用游戏，以便使学生巩固和加强已经掌握的运动技能。

3. 体育游戏在基本式"拓·练"环节中的运用

教师在"拓展延伸、体能练习"环节安排游戏，既可以让学生巩固学到的

知识，又能开阔学生的体育文化视野。比如，集合站队后，学生用双脚玩"剪刀、石头、布"，输的一方给赢的一方放松手臂、肩部等。轻松、愉快的放松活动有助于学生消除疲劳，放松心理，恢复到较好的身心状态。教师还可以适当增大游戏的难度或升级游戏的形式，从而制造悬念，让学生意犹未尽，在课余时间自主练习。

三、结束语

"课堂革命"不是一个人的事情，而是所有教师齐心参与并努力共建的事业。在区域"新素质教育"理念的引领下，我们将继续扎根于课堂，认真贯彻体育游戏的创编理念，不断探索体育课堂教学基本式，使每名学生树立终身体育的意识，掌握一两种运动技能。

信息技术学科"预导—实操—汇学"
课堂教学基本式

深圳市莲南小学　李　琪

莲南小学"自然课堂"的课堂教学基本式为"预制原型（预学）—问题碰撞（导学）—优化迭代（练学）—学以致用（汇学）"。信息技术科组根据此教学思路，借助学习单这一简单工具，本着设计思维的理念，引导学生完成信息技术学科的学习过程。

小学信息技术学科是很多学生学习基本计算机知识的基础，如今，这一学科越来越重要。中小学信息技术课程的主要任务是培养学生对信息技术的兴趣，让学生了解和掌握信息技术基本知识和技能。相比于其他学科，信息技术学科更注重实践。例如，小学生在三年级的时候要学习打字，如果只是记忆指法规则而不上机操作，那么一定是无法学好打字的。然而，现在很多学校的信息技术课课时少，在课堂教学中又要保证学生上机操作的时间，因此信息技术课的理论教学很容易被忽略。比如在打字教学中，如果学生能够了解并理解计算机打字的指法规则，掌握好手型，那么学习起来一定是事半功倍的。在思考如何进行信息技术教学的过程中，信息技术科组提出了基于信息技术学科的"预导—实操—汇学"课堂教学基本式。

一、预导——兴趣引导，主动学习

信息技术课程涉及的知识对小学生来说比较陌生与抽象，因此，在教学过程中创设与当前学习内容相关的、贴近现实生活的情境十分重要。教师创设贴近现实生活的学习情景，让学生带着任务学习，能够使学生产生学习兴趣。信息技术课的学习任务一般是综合性的，学生除了要掌握信息技术学科的知识，还要运用其他学科的知识来完成任务，而创设情境能在这方面帮助学生。在建构主义学习理论中，学习是与一定的情境有联系的。真实直观的内容能引发学生的联想，让他们调动自己已有的知识与经验，同时掌握本节课所授的新知识。因此，在大部分课程的预导过程中，我们会给学生提供相应的电子学习单及微视频。

例如，在三年级的画图教学《江岸悠闲游》中，我们会在课堂上提供一份电子学习单，让学生利用课堂最开始的几分钟对照课本预习，了解本节课的重难点和任务。

《江岸悠闲游》学习单

（1）同学们，你们能认出图片1中有哪些图形吗？

（2）找一找图片1中的圆形、椭圆、正方形、长方形和圆角矩形。

（3）找到"椭圆""矩形"和"圆角矩形"工具在画图软件中的位置。

（4）找一找教材中用了什么方法画出正圆。

（5）阅读教材关于"填充样式"作用的部分。

本课任务：画出你心目中的公园。

学习单能够培养学生的自主学习能力，引导学生初步理解新知识。在学生对本节课形成初步认识之后，教师会用微视频来进行学习引导。微视频的第一部分是学校周围公园的风景，如学校附近的仙湖植物园、洪湖公园等。学生每次看到这里时，总会兴奋地分享自己的见闻，对接下来要创作的图画展开了充分的想象。微视频的第二部分是知识点的详解并配有清晰的操作步骤。学生通过观看微视频学习操作方法，与同学讨论或向教师请教不明白的地方。这大大提高了课堂教学效率。

二、实操——实际操作，巩固知识

实践操作是计算机教学中最重要的一个环节，学生们只有通过实际操作才能真正掌握计算机技能。有了预导的基础，学生能够有更多的时间来进行实际操作。在预导过程中，学生已对理论知识有了较清晰的理解，并且对任务进行了一定的思考，在实际操作过程中能够很快开始。教师在实操练学环节中解决学生在预导环节遇到的困难，巩固学生的知识。例如，在《江岸悠闲游》的实操过程中，学生们可能没有找到画正圆的方法或不理解填充"颜色1"和"颜色2"的操作。教师在发现这些问题后，可以对这些问题涉及的知识点进行重点讲解。先"预导"、后"实操"，学生和教师都能更快发现问题、解决问题，课堂效率也就得到了提高。

三、汇学——成果分享，相互学习

汇学旨在让学生学以致用。每节信息技术课程中的学习任务都会产出成果，我们会给学生提供展示自己成果的机会，并组织学生互相点评。以三年级的画图教学为例，每节课后我们都会鼓励学生展示并描述自己的画图作品，然后让其他学生做出评价。这样学生在观赏他人的画作时，能够发现他人的闪光点及自己的不足。例如在《江岸悠闲游》的教学过程中，学生可以互相讨论自己在公园里画了哪些景物，是怎样配色的，公园画面的布局是怎样的，用什么工具能够更快地画出他们想象的事物、达到想要的效果。通过了解他人的优点和不足，学生能够丰富自己的经验，提升自己。另外，在展示的过程中，学生会更加自信。在汇学过程中，学生能够分享学习成果，互相学习。

创意思考螺旋（Creative Thinking Spiral）是美国MIT终身幼儿园研究小组主任雷斯尼克教授提出的，即"想象→创造→玩耍→分享→反思→再想象……"。信息技术是一门充满创新与创造力的学科，而"预导—实操—汇学"的课堂教学基本式能够让学生在想象和创造的过程中分享、反思，并且掌握所学的知识。我们将继续对此模式进行研究、探索与改进，充分发挥学生的主观能动性，让课堂更精彩。

第四章
"自然课堂"教学基本式的多样态实践

语文学科"赏析小小说情节设计之妙"群文阅读教学案例研究

深圳市水田小学　孙彦俊

一、内容定位

部编版小学语文六年级上册第四单元选编的是一组小小说，包括《桥》《穷人》《在柏林》三篇课文。本单元的语文要素有两个：一个指向"读"，即读小说，关注情节、环境，感受人物形象；一个指向"写"，即发挥想象，创编生活故事。本节课的教学目的主要是通过群文阅读，激发学生读小说的兴趣，引领学生赏析小小说在情节设计上的特点，引导学生找到自主创编生活故事的情节设计思路。

《桥》写的是一位老共产党员面对突如其来的洪水，沉着、果断地指挥，将村民们送上生命之桥，而自己和儿子最后牺牲了的故事。这篇小小说在情节设计方面有两个突出的特点：①在短短的几百字中巧妙地制造了四次矛盾冲突，这四次矛盾不断推进情节发展，直至文章达到高潮；②结尾才点明老汉和小伙子是父子关系，让读者的心灵再一次受到强烈冲击。

《穷人》写的是渔夫和妻子桑娜关心、同情邻居西蒙，在西蒙死后毅然收养其两个孤儿的故事，反映了穷人纯朴、善良的品质。这篇小小说成功地刻画了桑娜内心世界的矛盾纠结，读来真切感人。当读者和桑娜一样担心丈夫回来后的态度时，文章在高潮处戛然而止，令人回味无穷。

《在柏林》写的是在一列缓慢驶出柏林的列车上，一位虚弱的老妇人在重复地数"一、二、三"，遭到两个小姑娘的嘲笑，由此引出了战时后备役老兵振聋发聩的解释，有力地控诉了战争的罪恶。在小说的结尾，老兵说出他们一家的不幸遭遇后，"车厢里一片寂静，静得可怕"，引发了读者对战争的深深思考。

本课的核心问题是从"怎么写"的视角赏析小小说在情节设计方面的妙处。

本课的学习难点是体会作者在矛盾冲突设置方面的匠心所在。

二、学情分析

从三年级开始，深圳市罗湖区教育科学研究院规定的小学语文每学期必读和选读书目大多是小说体裁的文学作品，因此，六年级的学生在阅读小说方面已经有了相当多的经验。但是，学生读小说的特点是只关注热闹或精彩的故事，即小说写了什么，而很少从学习语文的角度关注故事是怎么写的、为什么这样写等深层次的问题。这也是一些学生虽然读了不少书，但是一提笔就犯难的原因。

本单元的三篇小小说篇幅都比较短，对于绝大多数学生而言，理解内容并不困难，难的是通过群文阅读探究文本"形式的秘密"，也就是学习写法。

三、教学目标

（1）画情节图，梳理文章脉络，把握文章大意。

（2）探究小小说结尾的特点，尝试补充结尾。

（3）了解作者是怎样设置矛盾冲突的，体会设置矛盾冲突在小说情节设计方面的作用。

四、教学思路

本课例是笔者设计的小说单元群文阅读的起始课，抓住小说三要素中的"情节"来展开教学。上课之前，笔者布置了两项预习任务：①读通、读顺课文，自学生字、新词；②分别给三篇课文画情节图，表达你对课文内容的理解及对文章脉络的把握。在教学实施环节，笔者把整节课分为三个板块。

板块一：通过赏析被称为史上最一波三折的小小说《三封电报》，激发学生对小小说的阅读兴趣，使学生初步感知小小说情节设计的特点。

板块二：画交流情节图，引导学生整体把握课文内容。

板块三：从"怎么写"的视角赏析小小说情节的妙处，重点赏析小小说结尾的特点及作者在行文中设置的矛盾冲突。

五、教学设计

教学过程环节表

教学过程——环节（1）		
教学内容	阅读小小说《三封电报》	
教学目标	激发学生阅读小小说的兴趣，使学生初步感知小小说的情节特点	
核心问题	《三封电报》这篇小小说在情节设计上有什么特点？	
	问题情境	解决策略
问题解决	1. 读完第一封电报，你获取了什么信息？ 2. 伊莉薇娜有没有收到丈夫的尸体？她此时的心情是怎样的？ 3. 你觉得这篇小小说的情节设计妙在哪里？	1. 学生默读，提取主要信息。 2. 学生默读，推测伊莉薇娜此时的心情。 3. 学生默读，初步感知小小说一波三折的情节特点。
教学过程——环节（2）		
教学内容	交流自己画的三篇小小说的情节图	
教学目标	整体把握课文内容，理清文章脉络	
核心问题	借助自己所画的情节图，说一说课文的主要内容	
	问题情境	解决策略
问题解决	1. 每篇文章请两名学生上台展示自己画的情节图，并结合情节图说一说课文的主要内容。 2. 其他学生点评，提修改意见或建议。	1. 学生上台展示并交流课文主要内容。 2. 台上的学生根据同学和教师的点评，修改、完善自己画的情节图。

续 表

	教学过程——环节（3）	
教学内容	赏析小小说结尾的特点及矛盾冲突的设置	
教学目标	学习小小说情节设计的策略及技巧	
核心问题	从"怎么写"的角度探究小说情节设计的密码	
问题解决	**问题情境**	**解决策略**
	1. 说一说这三篇小小说的结尾各有什么特点。 2. 默读《蜡烛》和《母亲的眼睛》两篇小小说，续写合适的结尾。 3. 找出《桥》一文中作者设置的矛盾冲突。	1. 学生默读、交流；教师适时点拨、归纳，写板书。 2. 学生默读，续写结尾；教师请学生点评；教师小结。 3. 学生默读，在文中画线；学生朗读相关语段，谈自己的理解；教师相机引导。

六、教学实录

师：（微笑地）同学们，今天我们来学习第四单元的内容——小说（板书：小说）。小说是雅俗共赏的一种文学体裁。我们都读过一些小说。回想一下，你读过的小说中，印象最深或最喜欢的是哪一个？

生：我最喜欢的是《西游记》。

师：四大名著之一。

生：我最喜欢《狼王梦》。

师："动物小说大王"沈石溪先生的代表作。

生：《三国演义》。

生：《红楼梦》。

师：看来我们班的同学都特别喜欢阅读经典名著，品位不俗啊。你们刚才提到的大多数是长篇小说。小说按篇幅和容量可分为长篇小说、中篇小说、短篇小说。比短篇小说篇幅还短的叫小小说，也叫微型小说、超短篇小说，一般只有几百至几千字。我们第四单元中所选的三篇课文都是小小说。

（板书：小说）

师：我们来看一下本单元的语文要素，大家默读，然后说一说你读懂了什么。

生：我知道了读小说要关注小说中的人物、情节，还有环境。

师：很好。还有补充的吗？

生：我们还要发挥想象力，创编一些生活中的故事。

师：嗯，读懂了。本单元语文要素中一共有两句话。第一句话，告诉我们读小说读什么。读小说的时候要注意人物、环境、情节，这就是我们通常说的小说的三要素。我们以前学过记叙文有六要素，一起说，是哪六要素？

生：时间，地点，人物，事件的起因、经过、结果。

师：今天我们又知道了小说的三要素，它们是什么？

生：人物、环境、情节。

师：很好，本单元语文要素中的第二句话指向"写"，因此，学完这个单元的小说，你们也来创编一篇属于自己的小说，怎么样？（教师的语言富有激励性和挑战性）

生：哇，太好玩了。

师：（故作神秘，引起学生的好奇心）不过，写好小说可不是一件容易的事，我们还是先来探究一下写小说的秘诀。当你第一遍读一篇小说的时候，是什么吸引着你一直读下去？

生：故事情节。

师：（板书：情节）我们读小说的乐趣就在于追踪故事情节，心随情节时起时落，情随情节时喜时悲。这节课，我们就来赏析小小说的情节设计之妙（将课题补充完整）。

师：我们先来看一篇小小说——《三封电报》。（出示课件：伊莉薇娜的弟弟佛莱特和她的丈夫巴布去非洲打猎，不久，她在家里接到弟弟的电报："巴布猎狮身死。——佛莱特"）

师：先来默读第一封电报，说一说你获取了什么信息。

生：伊莉薇娜的丈夫巴布在非洲打猎时被狮子咬死了。

师：真好，简洁明了，一下子就获取了文中最重要的信息。

师：继续默读第二封电报。（出示课件：伊莉薇娜悲不自胜，回电给弟弟："运其尸回家。"三星期后，伊莉薇娜收到从非洲运来的一个大包裹，里面是一具狮尸。她又赶发了一封电报："狮收到。弟误。"）

师：伊莉薇娜有没有收到丈夫的尸体？

生：没有。

师：她此时的心情是怎样的？

生：我觉得她会很伤心，因为她再也见不到自己的丈夫了。

师：伤心？她接到第一封电报时一定是伤心的。这是第二封电报了，注意一个关键词——弟误，你再想想。

生：我觉得她这时候应该是高兴的，因为她收到的是狮子的尸体而不是她丈夫的尸体，她以为弟弟搞错了，所以她应该是高兴的。

师：其他人同意吗？

生：同意。

师：好，我们来读最后一封电报。（出示课件：伊莉薇娜很快得到了非洲那边的回电："无误，巴布在狮腹内。——佛莱特"）

生：（读后发出唏嘘声）啊——

师：我听到很多同学读完以后都长叹一声，"啊，原来是这样啊"。你觉得这篇小小说的情节设计妙在哪里？

生：我觉得这篇小小说的情节反转了，特别跌宕起伏。

师：（微笑、赞美）你用了一个非常准确的词——反转，真好。

生：这个情节设计得太妙了，一开始她接到电报得知丈夫死了，后来收到狮尸，以为弟弟弄错了，丈夫没死，很高兴，最后发现丈夫的确死了，又很悲伤。

师：（微笑，深情）你可真会欣赏。我们一起回顾一下这个故事：收到第一封电报，她得知丈夫死了，她的心情是悲伤的；收到包裹后，她发现死的是狮子而不是丈夫，此时她的心情怎样？

生：转悲为喜。

师：结果呢？

生：再度陷入悲伤。

师：这篇小小说被称为史上最一波三折的小小说。我们再看一看这篇小说的结尾，读完最后一封电报，你们为什么会长叹一声？

生：因为结尾告诉了我们真相，让我们和伊莉薇娜一样又一次陷入悲伤之中，我们感到很惋惜。

师：是啊，我们读到结尾的时候，会情不自禁地长叹一声，原来是这样啊。短短的一篇小小说，情节竟如此扣人心弦，这就是情节设计的妙处。

师：接下来我们学习课文里的三篇小小说。同学们都预习过课文了。我布置了一个预习作业，就是为这三篇小小说画情节图。请同学们先在小组内借助你画的情节图讲一讲这三个故事，可以互相提建议，修改、完善你的情节图，时间是三分钟。

（学生在小组内结合情节图分享三篇小说的主要内容，然后修改、完善情节图）

（教师巡视、指导）

师：我先请两名同学结合情节图讲一讲《桥》这个故事。

生：（将情节图放在实物投影上）山洪暴发，村庄惊醒了。群众纷纷奔向木桥逃生，后来听从老汉的指挥排成一列。接着老汉从人群中揪出一个党员，最后老汉和这个党员都牺牲了。

师：我有一个问题，老汉为什么要从人群中揪出那个党员呢？

生：因为这个党员冲到了群众的前面。

师：我们结合情节图讲故事时，最好把过程讲清楚一些。其他同学对他的情节图和他讲的故事有什么好的建议？

生：我觉得他应该交代清楚老汉要求党员排在后面。

师：同意吗？

生：同意。

生：我觉得课文的结尾"老太太来祭奠她的丈夫和儿子"要在情节图上体现出来。

师：很好。你们看，他在画情节图时，采用的是拱形桥图式，很美观，又很契合这篇课文的内容，看来是花了一番心思的，而且他是用四字词语来梳理情节的，在讲故事的时候讲得再清楚些就好了。好的，我们有请下一位同学。

生：村庄发生了山洪，村民都涌上一座木桥逃跑，老支书沉着指挥，让群众先走党员后走，一个党员小伙子冲到了前面，被老支书吼了回去，结果群众脱险了，老汉和小伙子牺牲了，最后写老太太祭奠丈夫和儿子，这才让我们知道小伙子是老汉的儿子。

师：这个同学将故事情节讲得非常清晰，语言也比较简练。他的情节图是通过简笔画的形式呈现的，这是非常新颖别致的。掌声送给他。

师：接下来，我们再请两名同学上台交流《穷人》这篇课文的情节图。

生：桑娜在家里等待出海捕鱼的丈夫归来，想起生病的邻居西蒙，就去探望，发现西蒙死了。她看见西蒙的两个孩子很可怜，就把孩子们抱回了家。回到家，她又害怕丈夫打她。经过一番思想斗争，她还是决定把孩子们留下来。丈夫回来后，她只说西蒙死了，两个孩子很可怜。丈夫让她赶快把孩子带回家来。她高兴地拉开帐子，让丈夫看到她已经把孩子们抱回来了。

生：我觉得她讲得很好，只是情节图中的"概括起因"这个词用得不好。

师：我非常同意你的意见，我也觉得这个词实在是别扭，怎么改呢？

生：交流此事。

师：好那么"一丢丢"（笑），还有吗？

生：改成"夫妻商议"好些。

师：嗯，这个词似乎更好。好的，有请下一位。

生：渔夫出海打鱼，妻子桑娜乞求上天保佑他平安归来。桑娜想起了那个生病的邻居，便去看望她，结果发现邻居死了。邻居是个寡妇，又有两个幼小的孩子，桑娜很同情她们，就把孩子抱回了家。但是她回到家后，心里非常忐忑，怕给原本就很艰辛的丈夫增加负担，又怕丈夫打她。但是等丈夫回来，桑娜把事情告诉丈夫后，丈夫也决定要收养这两个孩子。

师：怎么样？讲得很清楚，是吧？

生：我觉得把"孩子"改成"孤儿"更好。

生：都一样。

师：嗯，好像改成"孤儿"更准确些。

师：好的，我们来交流最后一篇课文《在柏林》。

生：在一辆列车上，老妇人正在数着"一、二、三"，两个小姑娘笑了，旁边的老人制止了小姑娘。老妇人又数了起来，小姑娘又笑了。老人解释了原因，车里一片寂静。

生：老师，我觉得他没有讲清楚老人解释了什么，这一点很重要。

师：认同这一观点的请举手。

（大多数学生举手）

师：（微笑面对台上的学生）你同意吗？

生：同意。

师：（又面对提出问题的学生）你能帮他说清楚吗？

生：嗯，就是老人向小姑娘解释，他们的三个孩子都在战争中死去了，自己也将要去前线，在去前线之前要把老妇人送到医院。说了之后，两个小姑娘不笑了，车厢里一片寂静。

师：这样一讲，我们就清楚了。你们看作者的用词，小姑娘第一次笑时，作者用的是——

生：嗤笑。

师：第二次呢？

生：傻笑。

师：为什么要这样写？

生：这样写可以表现出小女孩的无知和天真。

师：你真会思考问题。下面我们请另一名同学讲一讲。

生：在一辆去往柏林的列车上，有一个退役老兵和一个老妇人，老妇人不停地在数数，引起了旁边小姑娘的嘲笑。老兵向她们解释：他们的三个儿子刚刚在战场上战死，他把她送进疯人院之后还要上战场。小姑娘不再笑了，车厢里一片寂静。

师：怎么样？讲得很清楚。一起把掌声送给刚才上台分享的六名同学。

（学生鼓掌）

师：以上几名同学画的情节图抓住了主要人物和他们做的事情，如果提取关键词，再配上简单的线条，就更好了。刚才我在下面巡视的时候发现有的同学过于追求形式上的美，把图画得很漂亮，很有创意，文字也写了很多，但是不得要领。记住，画情节图，简洁、准确才是最美的。这是很重要的本领，希望大家在以后阅读小说时也能运用画情节图的方法来把握故事内容。

师：我们读一篇小说，仅仅知道作者讲了一个什么故事，那就太肤浅了，我们还要探究一下，作者是怎么把故事写得那么生动、那么吸引人的。打开书，再读一读这三篇小小说，从"怎么写"的角度读，你会有什么新的发现？

（出示课件——思考探究：从情节设计的角度探究作者是怎么把小说写得这么吸引人的。可以结合某篇小说的某一部分思考，如开头、故事发展、结局等，发表你的见解）

（学生先自己读书、思考，然后在小组内交流讨论。）

师：（很快就有学生举手）这个问题有挑战性，大家不急于表达，再看一看书，看一看你是否有新的发现。

师：好的，差不多了，我看很多同学都已经跃跃欲试了。请你说一下。

生：我想说一下《穷人》一文的结尾，从渔夫和妻子的对话中，我认为他们都很善良，他们自己的生活已经很艰难了，已经有五个孩子了，可是邻居死后，他们还是宁可自己更苦些，也要帮助别人，从这个结尾中我读出了他们的善良。

师：你真会读书，从结尾的对话中，你读出了穷人虽然穷，但他们都有一颗金子一般善良的心。说到结尾，我们一起来看一看这三篇小小说的结尾有没有什么共同的特点。就是说，读到结尾，你有什么感受，你的心情有怎样的变化。

（出示三篇小小说的结尾）

（学生回顾、思考）

生：（读《穷人》的结尾："你怎么啦？不愿意吗？你怎么啦，桑娜？""你瞧，他们在这里啦。"桑娜拉开了帐子。）我觉得此时的桑娜应该很开心，因为她和丈夫的想法不谋而合。

生：我觉得作者这样写，给人以无限的想象。

师：你真会读书！读书，张开想象的翅膀，获益匪浅。（板书：引发想象）

生：读到结尾，我想接着往下看，但是故事结束了。

师：掌声响起来。

（学生热烈鼓掌）

师：真是太棒了。这个结尾戛然而止，给我们读者一种意犹未尽的感觉。

生：《桥》这课的结尾点明了老汉和小伙子之间的关系，表明了老汉的大公无私。

师：真好，读到《桥》的最后，我们有一种恍然大悟的感觉。如果文章开头就介绍老汉和小伙子是父子关系，就不会有这么强的震撼力了。这就是小小说结尾的另一个特点：既在意料之外，又在情理之中（板书）。很多小小说的结尾情节突变，峰回路转，既在意料之外，又在情理之中，引人入胜，令人拍案叫绝。刚才我们读的《三封电报》的结尾也是如此。

生：我来说一说《在柏林》的结尾。车厢里一片寂静，静得可怕。因为老妇人的三个儿子都在战争中死去了，所以她才"一、二、三"这么数数。车厢里静得可怕，更能突出战争的残酷。

生：我补充，以这个环境描写为结尾，能引起我们对战争的反思，揭露战争带给普通人的创伤。

师：谈得很深刻。这篇小小说的结尾引发了我们对战争的深刻思考，这也是小小说结尾的一个特点。（板书：引发思考）

师：我们了解了小小说结尾的特点，再来看两篇小小说，请拿出课前我发给大家的阅读材料一和二，快速阅读，想一想结尾该怎么写。

（学生拿出学习单，默读《母亲的眼睛》《蜡烛》，思考并创编结尾）

母亲的眼睛

妈妈：儿子，如果妈妈眼睛瞎了怎么办？

儿子：我会送你去这里最好的医院治疗。

妈妈：如果这里最好的医院治不了怎么办？

儿子：我会送你去世界上最好的医院治疗。

妈妈：如果世界上的医院仍然治不好呢？

儿子：我会终身照顾你。

妈妈：好儿子，谢谢你。

儿子：妈妈，如果我眼睛瞎了怎么办？

妈妈：我会把我的眼睛换给你。

…………

蜡　烛

一单身女子搬了家，晚上忽然停电了，她赶紧点起了蜡烛。

忽听有人敲门。

原来是隔壁的小孩子，只见他紧张地问："阿姨，你家有蜡烛吗？"

女子想：天哪，刚来就借东西，以后就更没完没了了。

于是，她冷冰冰地说："没有。"

小孩笑了，还带着一丝得意，说："<u>我就知道你家没有！妈妈怕你害怕，让我给你送蜡烛来了。</u>"

…………

师：我们来交流一下。先说《母亲的眼睛》的结尾，你是怎样写的？

生：我写的是"那我会把我的眼睛给你"。

师：谁也是这么写的？

（全班三分之二的学生举手，一些学生惊讶地说："啊，怎么和我写的一样？"）

师：你们真了不起。这个结尾属于我们刚才学习的小小说结尾的哪一个特点？

生：（齐）既在意料之外，又在情理之中。

师：好，我们看第二篇《蜡烛》。

生：我写的是"我是来给你送蜡烛的"。

师：你是怎么想的？

生：我看文中说"小孩笑了，还带着一丝得意"，一般来说，向别人借东西，不可能是得意的，我就想到了。

师：多了不起，你真会读书，抓住关键词思考就有了和原文作者一样的答案。

生：（七嘴八舌）我也是这么写的，我写的也是这个意思。

师：（自豪、赞许）你们都很了不起。

师：好的。我们说完了结尾的好处，再回到刚才的问题上，从"怎么写"的角度说一说作者是怎么把小说写得这么吸引人的。继续分享你的思考。

（此时学生有些茫然，不知从何说起）

师：我来告诉你们一个读小说的秘密，那就是关注作者在设置情节时制造的"矛盾冲突"（板书）。我举个例子，《桥》这篇小说里就先后设置了四次矛盾冲突。比如，第一次，山洪暴发，村民们慌不择路逃向木桥，与老支书如山般地站在桥前形成了第一次矛盾冲突——老支书用自己的威信镇住了村民们的慌乱，为所有人的顺利逃生赢得了先机。第二次冲突是老支书下令"过窄桥，党员排在后边"，接着怎样了？矛盾是怎么化解的？

生：一个党员小伙子冲到了前面，还说"党员也是人"，被老支书吼了回去。

师：老支书是怎样化解矛盾的？

生：老支书说："可以退党，到我这报名。"

师：老支书果断坚决的一句话"可以退党"立即化解了第二次矛盾。你们把书翻到《桥》这一课，浏览第13ˉ23自然段，找找作者还设置了哪些矛盾冲突。

生：请同学们看第19、20自然段，小伙子推了老汉一把，说："你先走。"老汉吼道："少废话，快走。"他用力把小伙子推向木桥。老汉和小伙子都让对方先走，这是文中的又一处矛盾冲突。

师：结果怎样？

生：老汉和小伙子都牺牲了。

师：真了不起！找这一处有难度，但是没逃过你们的慧眼。小说就是这样设下一个又一个矛盾冲突，再在解决一个又一个矛盾冲突的过程中突显主要人物的精神品质的。这样写使得情节紧张刺激、跌宕起伏，深深地吸引着我们读者。我们将来再读小小说的时候，要格外留心作者在设计情节时刻意制造的矛盾冲突，这是作者的匠心所在。

师：今天这节课，我们通过交流情节图梳理了小说的故事情节，发现了小小说结尾既在意料之外，又在情理之中的特点，学习了小小说中矛盾冲突的设置。回家以后，请你们完成下面的作业。

（出示课件：读台湾作家林双不写的小小说《枪》：①画情节图；②找出作者设置的矛盾冲突；③体会小说结尾的妙处。）

师：下课。

七、教学反思

在教学实践中，笔者感觉教师的文体意识是教学成功的关键因素之一。散文、小说、诗歌、剧本都有鲜明的文体特征，因此，我们的教学也应该根据不同的体裁进行不同的教学设计。教学小说这一单元时，笔者摒弃了传统的逐课讲授方式，而思考小说教学该教什么、怎么教。经过几番思索，笔者尝试以群文阅读的形式，抓住单元语文要素中的关键词，从小说的三要素（即环境、人物、情节）展开教学。

读懂情节，是阅读小说的基本前提和基础，是整体把握课文内容的关键，同时为学生自主创编小说提供了框架性的思考依据。因此，在这节小说单元群文阅读的起始课上，笔者紧紧围绕小说情节进行教学。

回顾这节课，可谓得失兼备。先说"得"。

1. 主题鲜明，一课一得

本节课的关键词只有一个，就是"情节"。整节课紧紧围绕情节开展教学：第一步，引导学生阅读《三封电报》并初步感知小小说情节设计的特点；第二步，借助情节图，概括课文主要内容，梳理文章脉络；第三步，从"怎么写"的角度探究小小说情节设计的密码。可谓"提领而顿，百毛皆顺"。一节课下来，学生对小小说的情节设计有了一些感性的认识和理性的思考。

2. 海量信息，博观约取

在40分钟的课堂上，学生阅读了《三封电报》《桥》《穷人》《在柏林》《蜡烛》《母亲的眼睛》等六篇小小说，阅读的信息量是很大的。这一过程并不是学生泛泛浏览的过程，而是有精读、有质疑、有读写结合、有合作学习、有师生互动、有生生互动的过程。在如此海量的信息中，为了不让学生"跑偏"，教师要时时"聚焦"，采用板块式教学，以问题为导引，将一颗颗珍珠穿成一串项链。

3. 指向表达，"言""意"兼得

"意"指的是文本语言所表现出来的内容、思想、情感等。"言"指的是文本的外在语言形式。这节课比较突出的是"得言"。

歌德说："内容人人得见，含义只给有心人得知，形式对大多数人而言是一个秘密。"如何让学生破译"形式"这一密码？在第三板块中，笔者设计了这样一个问题：从"怎么写"的角度探究小小说情节设计的密码。这个问题有较大的挑战性，是破译小说情节密码的核心问题。围绕"赏析小小说结尾之妙"和"如何设置矛盾冲突"这两个方面，学生进行自主合作探究。

再说一说这节课的"失"。就小小说情节而言，除了结尾和矛盾冲突这两个方面以外，还有埋伏笔、设铺垫、前后照应等值得探讨的问题，一节课的时间有限，无法一一探讨，不得不说，这是个遗憾。另一个"失"表现在"矛盾

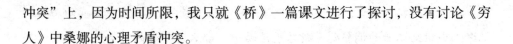

冲突"上，因为时间所限，我只就《桥》一篇课文进行了探讨，没有讨论《穷人》中桑娜的心理矛盾冲突。

附：

案例点评

深圳市螺岭外国语实验学校　王传贤

很多教师认为小说教学简单，不就是讲人物、情节、环境这三个要素吗？然而在实际教学中，教师们又觉得难讲。细究起来，每篇小说都不相同，到底要教什么并不容易确定。孙老师这节群文阅读下的小说教学在"教什么"的问题上做出了很有益的探索。

孙老师的选文是一组小小说。小小说即微型小说，也有人称其为超短篇小说。顾名思义，这类小说的特点是篇幅短小、人物少、故事情节并不复杂。正因为有这样的特点，小小说必然在情节构思上求新、求奇。孙老师从小小说的特点出发，把教学内容定为"赏析情节之妙"，这个点抓得准。这一组小小说的情节妙在哪里呢？微型小说的结尾是最具特点的——新奇巧妙，出人意料。于是，孙老师在教学中重点引导学生赏析小小说结尾的"情理之中，意料之外"，这就使教学内容更加聚焦。对于一节40分钟的课来说，教学内容明确且聚焦，就意味着课堂上有更多的时间阅读文本，有更多的时间讨论交流，教学目标自然能够达成，教学效果自然明显。

在教学策略的运用上，孙老师也别具匠心，遵循"把握文章的主要内容是阅读理解的基础"原则。在这一教学环节中，孙老师采取了"预学—交流"的策略，让学生结合情节图来交流小小说的主要内容。情节图呈现的不仅是学生对内容的概括，还是学生对情节发展的梳理。这样的设计就为接下来赏析小小说结尾和矛盾冲突做了充分的铺垫，使教学流程更流畅。在赏析结尾的环节，孙老师运用"学—用"策略，在讨论课内文本结尾巧妙新奇的基础上，补充两篇小小说，让学生运用所学补充结尾。叶圣陶先生提出"把教材当作例子""用教材教"，孙老师把这种理念真正落实到了课堂教学中。在赏析小小说矛盾冲突的环节，当学生茫然不知所措时，孙老师及时讲解，再引导学生找出其他矛盾冲突，将讲练结合在一起，使课堂真实、朴实、扎实。

　　这节课的容量很大，学生在40分钟的时间里阅读6篇文章是有难度的。如果把课上小组交流活动调整到赏析结尾活动中，那么这节课的重点是不是可以更突出？学生的学习活动是不是会更加丰富？矛盾冲突的赏析是不是可以和学生的思维导图结合起来？这样是不是更直观且更有利于学生思考？以上建议供孙老师参考。

语文学科《那片绿绿的爬山虎》阅读教学案例研究

深圳市莲南小学　涂义红

一、内容定位

《那片绿绿的爬山虎》是人教版小学语文四年级上册第七单元的第二篇课文，在这篇课文里，作者肖复兴回忆了1963年叶圣陶先生给"我"批改作文，并请"我"到他家做客，使"我"受益匪浅的成长经历，赞扬了叶圣陶先生对文一丝不苟、对人平易真诚、堪称楷模的文品和人品。

本课核心问题是感知人物形象，通过景物描写感悟作者心情，学习借景抒情的写法。

本课学习重点是借景抒情写法的学习和运用。

本课学习难点是在景物描写的反复朗读中感悟作者的心情。

二、学情分析

《义务教育语文课程标准（2011年版）》中提出，各学段的学习都要重视"有感情地朗读"，在朗读中通过品味语言，体会作者在其作品中的情感态度，表现出自己的理解；要求重视写作教学和阅读教学之间的联系，善于将读和写有机结合，相互促进。

本课的教学对象是四年级学生，学生在上课前已经预习了生字词和课文，对课文内容有了初步的了解，但对叶圣陶先生的了解仅限于他的作品。教师在本课可以通过课文让学生感知叶老的人物形象。对于借景抒情的写作手法，虽然学生在诗歌和一些文本中接触过，但了解不深，所以让学生通过景物描写来体会作者的心情有一定的难度。

三、教学目标

（1）会认读7个生词，正确读写词语"推荐、删掉、融洽、燥热"。

（2）能有感情地朗读课文，感知人物形象。

（3）通过朗读感悟作者的心情，掌握借景抒情的写法。

四、教学思路

我将《那片绿绿的爬山虎》这篇课文分为两课时进行教学。在第一课时我将让学生整体感知人物形象，通过景物描写学习借景抒情的写法。在第二课时，我将引导学生体会文中含义深刻的语句，学习修改作文的方法。本案例是第一课时的教学呈现。根据四年级学生的学习特点及我班的学习特色，本节课采用思维导图、感情朗读和迁移运用的教学策略。我在教学时用思维导图展示重点，建立知识点之间的联系；通过有感情地朗读让学生体会人物的心情，感受借景抒情的写法，在迁移运用中强化写法。本课设计了如下三个环节：①检查预习，整体感知。②读中悟情、读中悟写，在对景物描写的朗读中感悟作者的心情，体会"借景抒情"的写法。③运用、拓展。本课设计力求让学生通过自主学习，在朗读中感受人物形象，体会作者的情感态度，有自己的理解；将读和写有机结合起来，实现一课一得、学以致用。

五、教学设计

教学过程环节表

教学过程——环节（1）		
教学内容	读写生字词，朗读课文段落，感知人物形象	
教学目标	1. 会认读7个生词，正确读写词语"推荐、删掉、融洽、燥热" 2. 能正确、流利地朗读课文，感知人物形象	
核心问题	检查预习，感知人物形象	
问题解决	问题情境	解决策略
	1. 检查生字词	1. 指生认读生词 2. 听写4个生词 3. 范写"荐"字

续 表

问题解决	问题情境	解决策略
	2. 检查朗读	1. 学生自由练习感兴趣的段落 2. 展示朗读
	3. 感知人物形象	1. 学生交流 2. 用思维导图板书人物形象

教学过程——环节（2）		
教学内容	有感情地朗读，提炼写法	
教学目标	1. 有感情地朗读课文，体会作者情感 2. 体会借景抒情的写法	
核心问题	在对景物描写的朗读中体会作者心情，体会借景抒情	
问题解决	问题情境	解决策略
	1. 阅读发现：找出文中描写爬山虎的句子	1. 学生默读课文，画出文段 2. 交流展示
	2. 阅读欣赏和理解：你最喜欢哪一处？为什么？	1. 学生练习朗读最喜欢的那一处 2. 组内展示朗读，交流原因 3. 全班分享
	3. 感悟作者心情	1. 体会作者心情，提炼词语板书 2. 拓展肖复兴对叶老的感激之言，强化感悟
	4. 归纳写法：课文采用了什么写作方法？借什么景抒什么情？	1. 小结写法——借景抒情 2. 借什么景抒什么情？随机板书思维导图 3. 学生交流，完成练习纸上的思维导图

教学过程——环节（3）		
教学内容	练习借景抒情写法，推荐阅读书目	
教学目标	1. 掌握借景抒情的写法 2. 拓展课外阅读，深化理解，升华情感	
核心问题	学会运用借景抒情的写法	
问题解决	问题情境	解决策略
	练习借景抒情的写法	1. 出示练习题：用景物描写来表达心情 2. 学生任选其一完成练习 3. 学生交流，教师评价
	课外拓展	1. 总结全课 2. 推荐书目——肖复兴《那片绿绿的爬山虎》

六、教学实录

（课前准备：板画中心主题，下发思维导图学习纸。）

师：（面带微笑）前几天，我们刚刚学过叶圣陶老先生写的一篇文章，同学们还记得吗？

生：（齐读）《爬山虎的脚》。

师：今天，我们要学一篇写叶圣陶老先生的文章，就是——（屏幕出示课题"《那片绿绿的爬山虎》"，教师手指课题，学生齐读）

师：昨天请同学们回去预习了课文，现在我要检查一下预习的效果。请同学们看一下，这些字词你会认吗？（大屏幕出示字词：推荐、删掉、融洽、燥热、余晖、摇曳、楷模）

（教师读词，全体跟读两遍；教师相机指导）

师：（疑惑的语气）字词认读掌握得不错，敢听写吗？

生：（声音洪亮）敢！

师：那我们试一试。（听写词语：推荐、融洽、燥热、删掉）

师：写完了，同桌交换批改（屏幕出示答案），再各自把错字订正一遍。

（学生批改、订正，教师巡视听写情况）

师：（沉思状）我刚才仔细看了一下同学们写的字，发现很多同学"推荐"的"荐"掌握得不够好。请你们抬头看黑板，看老师是怎么写"荐"字的。你们可以伸出右手食指跟我一起写。第二组同学真不错，会学习。

师：（范写）"荐"是一个草字头，下面是横、撇、竖、横钩、竖钩、横。

（师生一起说笔画名称，一起写字）

师：（竖大拇指）大家生字词掌握得不错，下面我想看看大家对课文的朗读掌握得如何。

请把书本翻到第126页，找到你最感兴趣的那一段，练习一下，一会儿展示给大家。

（学生自由练习朗读，教师巡视指导）

师：这位同学，你想展示哪一段？

生：我想为同学们展示第三段。（该生朗读第三段，同学们纷纷鼓掌）

师：朗读得非常不错，大家情不自禁地鼓掌。不过我给你提一点小建议，应该读"曲（qū）线"。请你再读一遍。

生：曲（qū）线。

师：还有谁想展示？

生：我也想展示这一段。（该生朗读第三段，读完班里又响起一阵掌声）

师：好的，非常棒。还有哪位同学想展示？

生：我展示的是第五段。（该生朗读第五段，读完班里也响起了掌声）

师：（笑容满面）他朗读的时候感情特别充沛。这段里有很多长句，他断得特别好。大家发现了吗？

生：发现了。

（举手的学生依然很多，教师满面笑容）

师：请你来读。

生：我要给大家展示的是第四段。（该生朗读，读完掌声热烈而持久）

师：（赞叹）听了同学们的掌声，你就知道了，我对你的朗读再也提不出任何建议了。看来大家都做足了功课啊！

（学生纷纷点头）

师：通过刚才大家的朗读，叶圣陶老先生给你们留下了什么样的印象？

师：（请一名举手的学生）你认为叶老先生是一个什么样的人？

生：平易近人。

师：你呢？

生：我认为叶老先生是一个和善而亲切的人。

生：我认为叶老先生是一个亲切、和蔼可亲的人。

师：大家的用词都差不多。你觉得呢？

生：我觉得叶老先生是一个慈祥的人。

师：还有吗？

生：我认为叶老先生是一个认真的人。我是从第三自然段的最后一句看出来的。

师：（点头赞赏）她不仅说了她对叶老先生的印象，还说了是从哪里看出来的，思路非常清晰。

师：叶老先生到底是一个怎样的人呢？（教师板书：主干"人"）根据大家刚才的概括，我们可以归纳：他是一个做事情非常认真的人（教师一边讲解，一边板书：认真）。作为一位大作家，他批改一名中学生的作文，批语写得密密麻麻，而且为人非常亲切、平和。（教师一边讲解，一边板书：亲切、平和）

师：请同学们选一种颜色的笔，按照老师的样子，先把"人"写在主干这条线上；再用同一种颜色的笔，把主干分出三条支干，在线上写老师的板书。（学生学画板书）

师：完成的同学以端正的坐姿告诉老师。（手指板书）我们的题目是《那片绿绿的爬山虎》，课文中有几处写了爬山虎？请用笔把句子画出来。

（学生阅读、批注，教师巡视）

师：哪位同学来把你画的句子读出来？

生：我画的第一处是"刚进里院，一墙绿葱葱的爬山虎扑入眼帘"。（该生停下来）

师：你刚才读的地方还有其他描写吗？

（其他学生立刻举手）

生：（立刻继续）夏日的燥热仿佛一下子减少了许多，阳光都变成绿色的，像温柔的小精灵一样在上面跳跃着，闪烁着迷离的光点。

师：还有吗？请你来读。

生：落日的余晖染红窗棂，院里那一墙的爬山虎，绿得沉郁，如同一片浓浓的湖水，映在客厅的玻璃窗上，不停地摇曳着，显得虎虎有生气。（在他读书过程中，教师走过去轻轻拍拍他的背，示意他抬头挺胸）

师：站直了读书，朗读的声音也清晰了许多。第三处呢？

生：第三处是本文的最后一句话：在我的眼前，那片爬山虎总是那么绿着。

师：（微笑点头）我特别喜欢她上来先说，第三处是在本文的哪里，这是告诉大家这句话在什么地方。非常好的示范！

师：（屏幕出示以上三段话）写爬山虎的这三处，你最喜欢哪一处？

（学生纷纷举手）

师：那就好好地读。（学生练读）

师：读好了的在四人小组里展示一下，还要告诉同学们你为什么这样读。从

眼睛最大的那位同学开始。（学生笑，组内分享朗读。教师巡视、聆听、参与）

师：（屏幕出示第一处）第一处，谁想来展示？读完了要告诉老师和同学们你为什么要这样读，或者你对哪个词特别有感触。（一生朗读）

师：我听到你把"夏日""跳跃""绿色"这三个词读得语气比较重，我想问你，为什么这么读？

生：因为我觉得"扑入"是一下子的感觉，这里读重一点，会更生动一些。

师：（恍然大悟）哦，你是这样感受的。还有谁对这段感兴趣？

生：我也觉得这段写得很好，因为它用了比喻的手法，把爬山虎比喻成温柔的小精灵在上面跳跃。

师：哦，是这样，你真会品读。

生：我也喜欢这一段，因为它把爬山虎比喻成温柔的小精灵，让我感受到爬山虎很绿、很生动，就像在我的眼前（一边说一边辅以手势和动作）。

师：你能给我们展示读一下吗？

（学生朗读这一段）

师：你们什么时候会跳跃？

（学生七嘴八舌：激动、快乐、兴奋……）

师：（请一名举手的学生）说一个情景，你什么时候跳跃过？

生：我开心的时候一蹦三尺高。

师：在这文章里面你认为作者有什么样的心情？

生：高兴、激动。

师：请你把"激动"这个词写在黑板上。

师：用激动的心情来读一读这一段，预备起——

（学生齐读这段，读得比较沉稳、有感情）

师：我只听出了一点点激动，还有谁能更激动一点？

（一生读，读得非常有感情）

师：激动中饱含着丰富的情感，谁还能再激动一点？

（一男生读，读得非常有感情，语速稍快，中间少读了"闪烁"，但他马上改过来）

师：真是太激动了，激动得差点读错了。

（学生笑，不停鼓掌，气氛活跃）

师：好，请同学们一起再来读一遍。

（全班齐读这一段）

师：（非常诚恳地）非常感谢同学们，让我感受到了，一名15岁中学生见到著名的大作家的那种激动心情。谢谢大家！

师：（屏幕出示第二处）这段，你们谁感兴趣？

（一生读这一段）

师：请说一说你为什么要这样读。

生：因为我觉得作者在这一段中借这个景来抒情。

师：那么你感受到了什么情？

生：有一点开心，还有一点……（犹豫，回答不上来）

师：看来你还要思考一下。谁再来读这一段？

（一生读，非常有感情，学生们情不自禁地鼓掌很久）

师：让我来读，可能还没有你读得好。我听到你把"浓浓的湖水"读得特别重，能跟我们说说原因吗？

生：我觉得作者写这一段的时候可能是感觉到了时间的流逝，然后，浓浓的湖水……（学生停下来了，思维中断）

师：把什么比作了浓浓的湖水？

生：爬山虎。

师：爬山虎的颜色很——

生：绿。

师：绿得——

生：沉郁。

师：就像浓浓的湖水那样有着丰富的内涵。此时此刻，他正在和谁交谈？

生：叶圣陶老先生。

师：大家觉得是什么有内涵？

生：叶圣陶老先生。

师：同学们的思考越来越深入了。谁还对这段感兴趣？你也可以直接说喜欢的理由。（指一举手的学生读这段）

师：你带着什么心情来读这段？

生：我带着……（卡壳，说不出来）

师：你现在就是肖复兴了，你正在和大作家叶圣陶老先生交谈呢！谈了很久很久，谈了很多很多，你的心情怎样？

生：我的心情非常兴奋。

师：把这个词写在黑板上。

生：我可以看出来，肖复兴同学对老师很尊重。

师：好的，尊重，请写在黑板上。还有吗？

生：他还很自信。

师：怎么自信啊？

生：因为他说绿得沉郁了，如同一片浓浓的湖水，显得虎虎有生气。

师：你真会读书！同学们，他们刚才所说的感觉——兴奋、尊敬、自信，我们一起来读出来。来，预备起——

（学生齐读，有感情）

师：（屏幕出示第三处）第三处。

生：（读句）我感觉作者肖复兴同学对那天的记忆非常深刻，也记得那片爬山虎多么绿。

师：短短的一句话，你读到了这么多。你看，后来肖复兴在回忆起他和叶圣陶先生的相遇的时候，他说到了——（屏幕出示肖复兴回忆叶圣陶的话，学生齐读，非常有感情）

师：所以他也成了一位大作家。在叶圣陶先生100周年诞辰的时候，他写下了这篇文章（屏幕出示课题，学生齐读），副标题就是——（出示副标题：纪念叶圣陶先生。学生齐读）

师："此时此刻，每当想起叶圣陶先生，那片爬山虎就在我的眼前绿着"，说明他的心情怎么样？（语速由慢到快）

生：怀念。

生：感动。

师：把这些词写在黑板上。

师：这三处景物描写，表面上写景，表面上写爬山虎，可是实际上抒发了作者的——

生：情感。

师：而且，景物的描写随着作者心情的变化而变化，这就叫作什么呢？

生：借景抒情。（屏幕出示：借景抒情）

师：那这篇文章借了什么景？（边讲解边板书：主干"景"在一片叶片上）抒发了什么情？（边讲解边板书：主干"情"在另一片叶片上）

师：请同学们用两种不同颜色的笔，分别在这两个主干上写上"景"和"情"。

师：哪位同学告诉我，借了什么景？

生：爬山虎。

师：抒发了什么情？

（无人应答，教师指学生板书的词语进行提示。学生齐读：尊重、兴奋、激动、怀念。教师正音：兴奋）

师：请同学们把相应的词语"景""爬山虎"，写在这里（教师范写）。"情"的部分请同学们自己完成。（教师只画出了分支，没有写文字）。

（学生完成学习单上的思维导图，师巡视、指导，指一生上台完成"情"的分支）

师：写完之后，同学们人生中的第一幅思维导图就完成了，请在下面的空白处签上你的名字。（学生签名）

师：同学们，学到这里，老师有一个疑问：前面写到叶老给肖复兴批改作文，还邀请他去家里做客，后面肖复兴却用爬山虎来抒发自己的情感，叶老的两件事和肖复兴抒发的情感之间有关系吗？（举手的同学较少）

生：可能是叶老先生给他改得很好，所以肖复兴对他很尊重，见到他的时候会特别兴奋。

师：也就是说，写事情是为了给后面的情感做——

生：铺垫。（教师画关联线并板书：铺垫）

生：（突然在下面发言）我也知道了。

师：好的，请你说说。

生：我们之前看到那片绿绿的爬山虎，作者不知道应该用什么、怎么纪念叶老先生。他突然看到那片爬山虎，直接把那片爬山虎当成纪念叶老先生的东西。（学生有感而发，但回答得有点啰唆）

师：（随机指着黑板总结）所以用的是借景抒情。

师：今天我们从肖复兴先生的《那片绿绿的爬山虎》这篇文章中，不仅感受到了叶老先生认真、亲切、平和的为人，而且学会了借景抒情（指黑板，学生读借景抒情）的写法。那我们就来练一练，看你们会不会应用。

师：（屏幕出示练习题并绘声绘色地读这两个情景）你看到的景物是什么样子的，谁来用景物表现自己的心情？

生：我选第二个。走在回家的路上，我看到了一簇簇小花，花上的蜜蜂飞到我头上，没完没了。（部分学生笑）

师：这个时候你把愤怒迁移到了蜜蜂身上，蜜蜂好无辜啊！（学生大笑，气氛活跃）

生：我也选第二个。语文试卷发下来了，看到惨不忍睹的分数，想起爸爸板起的面孔，我难过极了。走在回家的路上，看到花儿谢了，好像它也在为我难过。

师：用花儿谢了来体现自己的心情，非常好。你选哪一个？

生：我选第二个。

师：（微笑询问）你们大家是不是都有这种感受啊？

生：（纷纷回答）对啊，对啊。

（少部分声音：没有）

师：好，我们来听一听这位同学的心情。

生：走在回家的路上，大路两旁的大树好像马上要倒塌了，小花、小草都枯萎了，好像世界末日一样。（学生大笑，气氛非常活跃）

师：看来你是有过很深刻的感受啊！

（学生一边笑，一边鼓掌）

生：我选第一个。

师：（如释重负般）总算有一个高兴的了。

（学生笑）

生：在本届校运会中，咱们四年级团结一致，获得了开幕式表演最佳创意奖。看到同学们激动的笑脸，我也沉浸其中，此时，我看到天更蓝了，草更绿了，仿佛它们也在为我高兴！

师：（夸张地赞叹）啊，所有的景物都不一样了。你看，不用说我有多么开心，只要看周围的景物就知道了。请你来。

生：（低声地）我选的也是第二个。

师：哦。（教师同情又无奈地笑，学生也发出会心的笑声，纷纷低语，教师竖起食指示意安静）

生：回家的路上，旁边的大树绿得发黑；凹凸不平的土地上，布满了黑色的野草（学生轻声"哦"）；鲜花失去了往日的光彩，而石缝里的难看的野花格外鲜艳。平常清脆悦耳的鸟叫声不见了，换来的是责备般的风声和愤怒的沙沙声。（学生掌声雷动）

生：还有！（掌声停下）突然，天上下起了雷阵雨（师生皆哈哈大笑），雷声特别沉重，雨滴打在我身上，我的脚步更沉重了。（学生鼓掌，笑得非常欢快，又有学生举手）

师：看来大家的心情一发不可收拾，停不下来了。

师：（停顿，环顾一下学生）精彩还在继续。此时此刻，借景抒情一下子打开了你们的话匣子，我希望同学们把这种写法用到我们的作文中。

师：最后，我想跟大家推荐肖复兴写的一本书——《那片绿绿的爬山虎》。今天的课就上到这里。同学们，下课！

七、教学反思

《那片绿绿的爬山虎》这篇课文从内容上赞扬了叶圣陶先生的文品和人品，从写作上渗透了借景抒情的写法。这节课我带领学生感知人物形象，学习了借景抒情的写法。我结合自身教学特色，以思维导图为工具和线索，以有感情地朗读为手段，让学生在朗读中感悟借景抒情的写法，激发了学生的思维，发挥了学生的主体作用，目标达成情况良好。

（1）以思维导图为板书，展示本节课的重点。我将本节课的学习重点"借景抒情的写法"在思维导图板书中不露痕迹地逐一呈现，让教学渗透于无形。

（2）教学中，坚持学生的主体地位。进行思维导图板书时，我让学生全程参与，学生提炼关键词之后，在我的引导下，完成板书。这一过程锻炼了学生的概括能力和独立思考的能力，也让他们在无形中掌握思维导图这一强大的思维工具。对于感知人物形象、感悟借景抒情的写法，学生都是通过朗读实现的。在学生间的交流和教师的指导中，学生实现了"有感情地朗读课文"，自然而然地感知了人物形象，获知了借景抒情的写法。

（3）在"借景抒情练写"环节，由于时间有限，"练写"变成当堂"练说"。我本来有小小的遗憾，但没想到同学们说得非常精彩，气氛相当活跃，效果也很好。

（4）不管是"当堂检测生词"环节，还是"借景抒情练写"环节，我始终秉承"一课一得"的理念，当堂检测，当堂练习，争取学与习时刻交融，让学生学得便是习得，强化课堂学习效果。

当然，我也看到了自己需要提升和改进的地方：在课堂上，我需要放慢语速，使用更柔和的语调，给学生留出更多的思考时间和空间，把更多的主动权还给学生，让学习氛围更轻松、学习效果更好；同时，我需要进一步学习、积累和丰富自己的评价语言，形成自己的独特魅力，使课堂更有效、更精彩。

附：

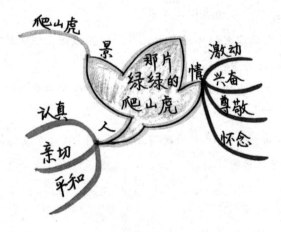

板书设计

案例点评

深圳市莲南小学　魏　薇

涂老师的这节课以读写结合和思维导图为支撑，以感知人物形象、感悟作者心情、学习借景抒情的写法为课堂目标，以自主预习、自读自悟、读中悟写和教师引导为方法，本课的教学过程很有特色。

（1）涂教师非常重视"有感情地朗读"，在朗读中体会作者的情感态度，表现出自己的理解，学生的朗读非常出色。

（2）教学中，涂教师以思维导图为学习工具和线索，让课堂重点一目了然。在板书设计上，涂教师抓住了人、情和景三个关键词，在课文的学习中引导学生用思维导图提炼出课文重点，并再一次强调了这节课的教学重点——借景抒情，这一设计很巧妙。在思维导图板书中，学生的参与是从始至终的，教师的指导由扶到放，这不仅让学生掌握了课文重点，还让学生在潜移默化中掌握了思维导图这一学习工具。

（3）涂教师很重视阅读教学和写作教学之间的联系，将读和写有机地结合起来，实现了学以致用、一课一得。在"用借景抒情的方法补充片段"环节，学生小试牛刀，练说时思维相当活跃，回答得相当精彩，"练说"环节的效果非常好。这也反映了学生对借景抒情的写法掌握得很好。

整个教学过程简洁不拖沓，学生朗读有感情、有层次，交流有水平、有见地，课堂气氛活跃而有序，教师的引导很到位。

对于本课的教学，我想提出几点建议：

（1）课程由已学课文的文段导入，虽与旧知链接，但明显吸引力不够，对学生学习兴趣的调动力度稍弱。

（2）在学生进行生字词认读后，教师可以对生字词加以运用，加强生字词教学的力度。

（3）片段练习给学生思考的时间还是不够，若让学生试写，则效果会更好，学生会掌握得更牢固。

语文学科《凉州词》古诗教学案例研究

深圳市莲南小学　陈文静

一、内容定位

《凉州词》是部编版小学语文四年级上册第七单元《古诗三首》中的一首边塞诗。这一单元的主题是"天下兴亡，匹夫有责"。围绕这一主题，本单元选编了《出塞》《凉州词》《夏日绝句》《为中华之崛起而读书》《梅兰芳蓄须》《延安，我把你追寻》等教学内容，旨在通过古诗、记叙文、现代诗等多种体裁，从多个维度激发学生的爱国主义情怀和主人翁精神。

王翰的这首《凉州词》写出了广袤边塞来之不易的一次盛宴，勾画出了戍边将士尽情畅饮的场面，抒发的是战士们保家卫国、视死如归的悲壮与豪迈。

本课的核心问题是感受诗歌描绘的画面、体会诗人的感情。

本课的学习重点是通过吟诵，指导学生读出诗歌的画面，体会诗人的感情。

本课的学习难点是理解诗的大意。

二、学情分析

《义务教育语文课程标准（2011年版）》提出第二学段（三、四年级）古诗词教学的重点：诵读优秀诗文，注意在诵读过程中体验情感，展开想象，领悟诗文大意。四年级的学生已经积累了不少优秀的古诗文，也掌握了一定的古诗学习方法，但是第一次正式接触边塞诗，加上这首诗描写的场景与学生的生活相去甚远，所以要展开想象、体验诗歌的情感，对学生来说是有一定难度的。

三、教学目标

（1）学习本诗中的生字新词，理解古诗大意，背诵古诗。

（2）利用吟诵启发学生通过声音的长短高低、轻重缓急想象画面，读懂诗意，体会诗人的情感。

（3）有感情地吟诵古诗，激发学生学习诗歌的兴趣。

四、教学思路

义务教育阶段选编的古诗大多文质兼美、流传千古，非常适合学生背诵积累。然而，古诗一般年代久远、语言凝练、寓意深远，不易理解，这就要求教师们在古诗教学中要有"四重"：一重背景，让学生了解故事的时代背景，拉近学生与古诗的距离；二重朗读，进行多种形式的读，让学生在游戏闯关式的朗读中自然而然地背诵古诗；三重感受，这里的感受是学生自己的感受，不是教师强加的思想感情；四重积累，学生按作者、内容，对古诗进行分类，常读常背，加强记忆。

诗人性情的豪爽在《凉州词》中表现得淋漓尽致。全诗豪迈豁达、铿锵激越，表现了战士们视死如归的悲壮情绪。我在教学时以指导朗读为主线，设计了三个层次的读：首先朗读。字正腔圆，朗读古诗，意在读准字音，读通古诗；其次诵读。有板有眼，诵读古诗，意在通过声音的长短变化，读出宴会的宏大和热闹，读出战场的残酷与无情；最后吟唱。韵味深长，吟唱古诗，意在通过吟唱的韵律感受战士们的豪迈、豁达、慷慨、悲壮。

五、教学设计

教学过程环节表

教学过程——环节（1）	
教学内容	朗读古诗
教学目标	能理解诗题，读准古诗
核心问题	字正腔圆地读准古诗

续　表

问题解决	问题情境	解决策略
	1. 读诗题，你了解到了哪些信息？ 2. 自由读诗，读准字音，哪些字容易读错或写错？	1. 学生读题，看注释了解题意；教师相机补充边塞诗的历史背景。 2. 学生自读，读准字音；教师相机正音；教师进行字源识字法指导，学生识记"醉"字；学生当堂书写，齐读古诗。

教学过程——环节（2）

教学内容	诵读古诗
教学目标	能理解古诗描写的意象，感受宴会的宏大和战场的残酷
核心问题	读出诗歌的画面

问题解决	问题情境	解决策略
	1. 练习诵读，在平长仄短的音律中你仿佛看到了什么？听到了什么？ 2. 葡萄酒、夜光杯、马背上的琵琶、喝酒的将士，这些事物组合在一起，给你什么样的感觉？ 3. 边塞的将士们能每天喝酒狂欢吗？更多的时候他们在做什么？	1. 教师出示诵读规则并示范诵读，学生练习读，教师巡视倾听，相机指导。教师出示图片和音频，加深学生对意象的了解。 2. 学生通过意象想象宴会的热闹、将士们的尽兴，带着想象诵读古诗。 3. 教师出示唐朝地图和古代战场图片，让学生直观了解凉州的位置及戍边战士的生活。学生交流感受，加深理解，齐读古诗。

教学过程——环节（3）

教学内容	吟唱古诗
教学目标	感受古诗的豪迈和壮烈，背诵古诗
核心问题	读出感情，背诵古诗

问题解决	问题情境	解决策略
	1. 你读懂了什么？请读出战士们视死如归的豪情。 2. 吟唱古诗，你听出了什么？ 3. 背诵古诗。 4. 对比古诗，激发兴趣	1. 学生结合注释和刚才的学习，说出自己对古诗的理解。带着自己的理解读古诗。 2. 吟唱古诗，感受诗人的豪迈。 3. 多种形式读，闯关挑战背诵。 4. 教师吟唱王之涣的《凉州词》，让学生在吟唱中发现两首诗情感的不同，激发学生用吟唱来学古诗的兴趣。

六、教学实录

（课前准备，板书课题）

师：同学们，今天我们来学习一首古诗，谁来读读诗题？

生：《凉州词》。

师：谁来说说从这个诗题中你了解到了什么？

生：这是唐朝的曲名，起源于凉州一带。

师（面带微笑，竖起大拇指）：真聪明，你是怎么知道的？

生：我是从注释上看到的。

师：（点头赞许）嗯，看注释确实是学习古诗的好方法。我们一起再来读一读诗题吧。

（学生齐读诗题）

师：这是一首边塞诗，你对"边塞"有哪些了解呢？

生：边塞就是边疆。

生：边塞就是国家最偏远的地方，跟别的国家交界的地方。

师：是的，边塞就是边疆的要塞。在古代，以长城为界，长城以内称中原，长城以外称塞外或塞北，那里荒无人烟，黄沙漫天，环境恶劣。唐朝时期，长城以北的突厥经常越过长城大肆进犯中原，烧杀掠夺。为了中原百姓的安危，战士们远离家乡，戍守边疆。诗人们写下了许多描写边塞生活和边塞风光的诗歌，统称为边塞诗（板书）。

师：边塞诗有很多，而王翰的这首《凉州词》非常有名，明代学者王世贞推其为唐代七绝的压卷之作。请同学们翻开书本，自己读一读，老师的要求是读准字音。

（学生自由读诗）

师：（微笑）同学们的自由读变成齐读了，请按自己的节奏来读，再读一遍。

（学生再次自由读诗）

师：谁想读给大家听听？

（学生读诗，教师侧耳倾听）

师：我非常欣赏你把"葡萄"和"琵琶"读得字正腔圆，这两个词在现代汉语中读轻声，但是在古诗中我们读原音，请跟老师读三遍。

（学生跟读）

师：你们在刚才这位同学的朗读中听出什么问题了吗？请你说。

生：他把"沙场"读成了第三声，"征战"读成了第四声。

师：（摸摸学生的头）你听得真仔细，请你带着大家把这两个词读三遍。

（学生跟读）

师：再请一名同学读诗，这一次能不能读准字音呢？觉得自己能读一百分的举手。

（学生纷纷举手，跃跃欲试，个个自信满满）

师：（抓住一个举手最标准的小女孩的手）你坐得最端正，请你来读吧。

（学生读诗）

师：（伸出大拇指）我觉得此处应该有掌声，读得真好！

（全班鼓掌）

师：（把话筒递给小女孩）请你来当小老师，带着大家一起读古诗吧。

（女孩领读，学生齐读）

师：表扬大家，加粗的字读得真准确！这里藏着一个"四会"字，即要求会认、会读、会写、会用的字，你们发现了吗？

生：（争先恐后地回答）发现了，是"醉"字。

师：这个字特别容易写错，你有好方法记住它吗？

生：我会记住这是一个左右结构的字，左边不是"西"而是"酉"。

师：（微笑点头）你注意到了关键笔画，真棒！

生：我会用联想法记住它，"醉"字的左边部分就是"酒"的右边部分，人们就是喝了酒才会醉的。

师：嗯，你的方法很实用。陈老师也有一个方法想分享给大家。看，这是金文的"醉"字，左边是个酒坛子，右边是一个抱着酒坛子站不稳的人，多形象、多生动啊！拿起笔，跟老师一起来写"醉"字吧。

（教师板书，学生先跟着书空，再写在语文书上）

师：我们把"醉"字送回古诗中，一起读诗吧。

（学生齐读古诗）

师：你们读得真好，陈老师也想来读一读。

（教师诵读，学生鼓掌）

师：你们为什么给我鼓掌啊？

生：因为老师读得很有节奏感，而且非常有感情。

生：老师读出了平仄的特点。

师：（惊喜）你还知道平仄啊！那你来说一说，平声和仄声要怎么读呢？

生：平声要读得平缓而长，仄声要读得高昂而短促。

师：（伸出大拇指）我们班居然有这么厉害的人物，掌声在哪里？

（学生鼓掌）

师：刚才陈老师这种读诗的方法就是一千多年前流传下来的诵读法，正如刚才这位同学所言，古诗诵读讲究"平长仄短，入声短促"，现在老师把诵读的"八字真经"传给大家，请你按照这个规则自己试着读一读吧。

（学生自由练读）

师：读完的同学可以读给你的同桌听。

（同桌互相练读）

师：看大家自信满满的样子，谁来读这两句？

生：葡萄美酒夜光杯，欲饮琵琶马上催。

师：你这酒没倒满，"葡萄——美酒"把"葡萄"拖长一点，这酒才满呢，你再试试。

生：葡萄——美酒夜光杯——，欲饮琵琶——马上催——

师：铿锵有力，这是一杯满满的葡萄酒！那这杯酒的滋味怎么样呢？谁来读？

生：葡萄——美酒夜光杯——，欲饮琵琶——马上催——

师：嗯，你重读了"美酒"二字，我听出了这酒的滋味，真美啊！请你带着大家再读这两句，品品这杯酒。

生：葡萄——美酒夜光杯——，欲饮琵琶——马上催——

（学生齐读）

师：（咂咂嘴巴，仿佛在回味酒的香醇）太棒了，从你们的诵读中我感受到了美酒的香醇。

"欲"是个入声字，如果能把入声字的味道读出来就更好了，谁来试试？

生：葡萄——美酒夜光杯——，欲饮琵琶——马上催——

师：这孩子一点就通，这个入声字读得短而重，请男生跟着他读。

（男生齐读）

师：女生也跟着他读。

（女生齐读）

师：女生稍显内敛，来，男生女生合作读一读，女生加油。

（男生女生合作读）

师：有人说诗可以言情，有人说诗可以言志，其实更多的时候古诗就像一幅画，那么在这两句诗当中，你看到了什么？听到了什么？

生：我看到葡萄酒装在精美的杯子里。

生：我仿佛在宴会上听到了琵琶的声音。

生：我仿佛看到了很多战士一起喝酒的画面。

生：我仿佛看到了有人骑在马背上弹奏琵琶。

师：说得真好。我们刚才说的葡萄酒、夜光杯、戍边战士、马背上的乐队（边说边出示图片）是极具边塞特色的事物和人，请你带着想象再读这两句。

（学生齐读）

师：这一次，我听出了诗歌里的异域风情。这些东西（指图片）组合在一起给了你什么样的感觉？

生：我感受到了边塞独特的风光。

生：我感受了士兵们打仗前喝酒的那份悠闲。

师：（引导）好多酒、好多人，还有音乐助兴，会让人感受到一份——

生：（争先恐后）热闹。

师：请你把这宴会上的热闹气氛送到古诗中吧，一起读——

（学生齐读）

师：嗯，读得真够热闹的！将士们天天都能喝酒，天天都这么热闹吗？

生：（纷纷摇头）不是。

师：那将士们大部分时间在干什么呢？

生：打仗，即使不打仗他们也要训练站岗，就像现在的解放军叔叔一样。

师：（伸出大拇指）你真棒！能联想到戍边的解放军叔叔，了不起。我们来看一看唐朝的地图，你能找到凉州的位置吗？

（学生指出位置）

师：凉州地处西北，紧邻突厥，刚才我们了解到，突厥经常会越过长城进犯中原，所以凉州这个地方一直是兵家必争之地，经常发生战乱。同学们，假如你是一名在凉州戍边的战士，你会有什么样的感觉？

生：我会觉得很紧张，天天都睡不着觉。

生：我会觉得很害怕，万一敌人杀过来，那我有可能小命都保不住了。

生：我会觉得非常光荣，因为我在为国家贡献力量。

师：（摸摸学生的头）为你点赞，我相信你一定会是一名好战士。不管是紧张、害怕，还是自豪、光荣，都是战士们的真实感受，请你把这份感受送到古诗中，读——

（学生齐读古诗）

师：正是因为长年累月的征战，这份来之不易的热闹显得如此珍贵，战士们举杯畅饮，都舍不得放下酒杯，半醉半醒间，仿佛有人在说——

生：醉卧沙场君莫笑，古来征战几人回。

师：这两句可是千古名句，谁有信心读好？

（学生纷纷举手，跃跃欲试）

师：你的小手举得最端正，请你来读。

生：醉卧沙场——君莫笑，古来征战几人回——

师：你的诵读水平我觉得可以出师了，请你带着大家读。

（学生教读）

师：谢谢我的小帮手。同学们，在这两句诗中，你能读懂什么？

生：喝醉了在沙场上倒下，大家请不要笑我，古往今来，沙场上的战士有几个能活着回来呢？

师：几人回？没有几人能回来啊！我们一起来看古代的战场。

（教师播放古代战争的视频）

师：你为什么发出惊呼？

生：古代的战场太血腥了，我都不敢看。

师：你为什么表情如此凝重？

生：我觉得很悲痛，这些战士年纪轻轻就牺牲了。

师：你也有话说，请你说。

生：我觉得战争很恐怖，到处都是鲜血，到处都是尸体。

生：我觉得死去的每个战士都是悲壮的，他们的死有价值。

师：也许明天战士们就将奔赴这残酷的战场，而此时他们正在举杯畅饮，把战场上的生死抛在了脑后。这位"战士"，你是怎么想的？

生：战争打多了，我已经无所谓了，反正战场上本来就是九死一生，还不如现在先喝酒，不去想别的。

师：豁达！一看就是一名铁骨铮铮的老兵。

生：我觉得很害怕，喝酒可以给我壮胆，也可以让我忘记害怕。

师：嗯，你应该是刚入伍的小兵？害怕很正常。

生：不就是打仗吗？上阵杀敌，保家卫国本来就是战士们的职责，所以不用过分担心。

师：够豪迈，我猜你是位将军吧。

师：看，这精美的夜光杯里盛满的不只是香醇的美酒，更是战士们将生死置之度外的壮烈与豪迈啊！（板书）谁能读出这份壮烈和豪迈？

生：（慷慨激昂）醉卧沙场君莫笑，古来征战几人回。

师：有气魄！如果把"沙场"再拖长一点就更显气势磅礴了，请一位"女将军"读一读。

生：（不甘示弱）醉卧沙场——君莫笑，古来征战几人回——

师：英姿飒爽，谁说女子不如男！请你带着全班女生一起读。

（女生齐读）

师：女生进步很大，真是巾帼不让须眉啊，男生们上！

（男生齐读）

师：真是壮怀激烈，全班再读一遍。

（全班齐读）

师：醉卧沙场君莫笑，孩子们，你们可知道，战士们这一"醉"，不仅醉在这热闹的宴会、香醇的美酒里，还醉在残酷的现实中，因为战士们终将奔赴壮烈的征程。这一"醉"，还醉在豪迈的气概，明知踏上征程就有可能战死沙场，但是为国捐躯，何惧生死！孩子们，站起来，端起你手中的美酒，和战士们一起畅饮吧！

（全班齐读）

师：读得真好。其实，古诗不仅可以诵读，还可以吟唱，不过吟唱得遵循一个规则——依字行腔。我们来听一遍这首诗该怎么吟唱吧。

（教师范唱，学生鼓掌）

师：好听吗？

生：好听。

师：想学吗？

生：想学。

师：我唱一句，你们跟一句。

（教师教唱）

师：请和同桌练习唱一唱吧。

（学生练习唱）

师：全体起立，我们带上手势一起唱一遍吧！

（全班齐唱）

师：你们果然都是聪明的孩子，一学就会。陈老师再考一考大家，这样你还会读吗？（出示"镂空古诗"）

（学生填空背诵）

师：（夸张）这样都难不倒你们啊，那这样呢？

（教师只出示诗题，学生全诗背诵）

师：（伸出大拇指）你们厉害，看来老师只能出"杀手锏"了，这首王之涣的《凉州词》读过吗？

生：读过。

师：你们能用今天学过的吟诵方法来读一读吗？

生：（自信满满）能！

师：光说不练假把式，先练习读一读吧！

（学生带着手势兴致勃勃地练读）

师：谁第一个挑战？

（学生挑战读）

师：第一个挑战的人勇气可嘉，有几个入声字有点难读，请跟我读。

（教师读"白云""一片""羌笛"）

（学生跟读词语）

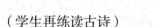

（学生再练读古诗）

（学生展示读）

师：这孩子也出师了，读得真好，请你带着全班同学读。

（全班齐读）

师：从你们的诵读当中，我感受到了一丝悲凉，请听老师吟唱一遍。

（教师吟唱古诗，学生鼓掌）

师：听完老师吟唱你有什么感受？

生：我听出了边塞的悲凉。

师：这就是吟唱的魅力，我们用古人的方式来读诗，不仅可以展开诗歌的画面，还能走进诗人的内心，用古人的读书方法去读诗吧。下课。

七、教学反思

习近平总书记在第十九次全国代表大会开幕式上说："文化是一个国家、一个民族的灵魂。文化兴国运兴，文化强民族强。没有高度的文化自信，没有文化的繁荣兴盛，就没有中华民族伟大复兴。"我想，学习和传播祖国的优秀文化是每位语文教师义不容辞的责任。

古诗词中藏着千百年前古人对社会事物、人情哲理的深刻认识与思考，学习古诗词就是在触摸古人的思想结晶，传播祖国的优秀文化，培养我们的文化自信。如果我们问孩子"你喜欢学古诗吗？"，恐怕有过半数的孩子会摇头。是的，古诗要背诵，要默写，还要背诗意，想说喜欢不容易啊。反观现在的古诗教学课堂，很多教师仍然把"会背会默写，理解诗意"当作古诗教学的终极目标，这样的古诗课堂必然是缺乏趣味性、文化性的，是孩子们望而生畏的。

基于以上对古诗词教学的认识，根据本节课目标的达成，我认为本课有以下两个亮点。

1. 重视学科整合，开阔学生视野

这是学生第一次正式接触边塞诗，学生对"边塞"的概念和边塞诗的历史背景、内容特点等知之甚少。所以上课伊始，我从"边塞诗"入手，结合图片和历史背景，向学生介绍了边塞诗的主要内容和特点，激发了学生学习边塞诗、了解边塞诗的兴趣。在帮助学生了解战士们凉州戍边生活时，我出示了唐朝地图，直观地展示了凉州的地理位置和军事地位，为学生更好地理解战士们

戍边生活的苦闷、危险打下基础。地理、历史与语文知识的融合，能让学生从多个维度想象诗歌描绘的场景、走进战士们的情感世界。

2. 由读到诵，由诵到吟，朗读指导有层次

在传统的古诗教学课堂上，教师很容易"一言堂"，逐字逐句地翻译古诗，学生在教师的要求下抄诗意、抄思想感情，对古诗没有自己真实的感悟。在本课的教学中，我以"读"代"讲"，力求通过不同层次、不同形式的"读"来代替教师枯燥的"讲"。我先指导朗读，把古诗读准；再指导诵读，力求通过节奏鲜明、高低错落、长短不一的声音激发学生的想象，让学生通过声音的媒介，展开想象的翅膀，走进宴会的热闹、沙场的无垠、战争的残酷、将士的豪迈；最后通过情绪饱满的吟唱，让学生与将士们壮烈、豪迈的情感产生共鸣。

反观课堂，有得有失，不足之处的进方式主要是：缺乏有针对性、引导性的评价，今后应丰富评价语，提高临场反应能力，对学生各种各样的提问或回答给出反应；自身的吟诵水平还不够，今后应更努力地学习吟诵，研究古诗词教学，力求形成自己的古诗词教学特色。

附：

案例点评

深圳市教科院小学语文教研员　赵志祥

陈文静老师的这堂课目标设定较清晰，用吟诵来教古诗，让人耳目一新，而且方法新颖，课堂上该落实的识字、背诵等环节一样也没落下。开课伊始，陈老师先正音、集中识字，然后用字源识字法指导书写重点字"醉"，最后用填空法检查背诵古诗。这些做法都比较扎实、高效，不拖泥带水。

课堂上多种形式的"读"也让人印象深刻：朗读、诵读、吟唱；同桌读、男女读、带着手势读、站起来读、端起酒杯读。丰富多样的"读"很能调动学生的学习积极性。学生在有意思、有层次的"读"中达成学习目标，从读准字音走进诗歌的画面，再走进诗人的情感世界，最后自然而然地掌握了背诵。

值得一提的是，陈老师没有把背诵古诗当作本节课的终极目标，在学生理解了诗意、背诵了古诗之后，陈老师还拓展了王之涣的《凉州词》。两首古诗都是边塞诗，一首豪迈悲壮，一首苍凉哀怨。陈老师不需要过多地讲解，只需

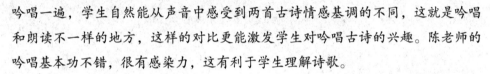

吟唱一遍，学生自然能从声音中感受到两首古诗情感基调的不同，这就是吟唱和朗读不一样的地方，这样的对比更能激发学生对吟唱古诗的兴趣。陈老师的吟唱基本功不错，很有感染力，这有利于学生理解诗歌。

下面说一说需要改进的几点：

（1）为了让孩子更好地体会边塞的寂寞、荒凉与危险，陈老师展示了唐朝地图，这个做法非常直观，但是我觉得讲得还不够细致。凉州离长安有多远？骑马要多久才能到？走路呢？有了距离的概念，学生才更能体会凉州的偏远和战士们的寂寞。

（2）对学生学情的关注不够。学生已接触过平长仄短，不用再在课堂上花时间标出平仄，直接练习即可。

（本课例获得2019年深圳市小学语文古诗教学录像课比赛一等奖）

语文学科《鼹鼠的月亮河》整本书阅读
指导教学案例研究

深圳市莲南小学　黄　慧

一、内容定位

儿童成长小说《鼹鼠的月亮河》是深圳市罗湖区小学语文四年级下学期的必读书目之一。本书作者通过独特的视角和平凡人物的成长，激励读者通过不懈的努力实现美好的理想；用跌宕起伏的故事情节和童真童趣的语言表达，为读者呈现充满神奇色彩的梦幻世界。整本书洋溢着恬静、体贴、细致的关爱，能给人的内心带来一种深切的慰藉，给予读者寻找梦想的力量。

《鼹鼠的月亮河》故事设计新颖、有趣，极富吸引力，书中一个个有个性的角色很容易引起学生内心的共鸣，激发学生丰富、鲜活的想象力。因此，我选择这本书作为习作教学的支点，通过美好的情景体验，引导学生模仿、学习作者的写作手法，展开想象，大胆地尝试创作。

本课的核心问题是感受作者一波三折的写作技巧并尝试运用。

本课的学习重点是通过回顾感受书中美好的情景和故事情节，体会作者的写作手法。

本课的学习难点是运用作者的写作手法进行创作。

二、学情分析

四年级的学生已经具备一定的写作基础，乐于进行书面表达，愿意与他人分享习作的快乐，建立了较强的习作自信心。在教师的引导下，学生能够根据习作的要求写下自己的见闻、感受和想象，对新奇、有趣、印象最深、最受感动的内容能够进行较准确的表达。在习作中，学生会尝试运用自己平时积累的语言材料，特别是有新鲜感、有吸引力的词句进行表达。

《鼹鼠的月亮河》这本书内容贴合学生的生活实际，给学生提供了自我表达和与人交流的平台；故事内容设计新颖，使学生在阅读过程中交流的欲望较强烈。从学生的阅读感悟中，我发现学生对故事的延伸想象有浓厚的兴趣，但对故事的创作存在一定的困难。比如：如何设计吸引读者的故事情节，怎样创作曲折有趣的故事内容，如何把自己的构思与实际相互结合等等。学生的写作技巧有待进一步提高，在大胆创作方面，学生还需要教师的引导和鼓励。

三、教学目标

（1）通过课前分享，感受阅读的乐趣；通过和他人的交流，加深对角色的印象，享受阅读的乐趣。

（2）感悟作者的写作手法，大胆想象并正确交流自己的见闻、感受和想象，注意把自己觉得新奇、有趣或想要分享的内容表达清楚。

（3）能够大胆想象，愿意尝试将自己的想法和他人分享，享受创作的乐趣。

四、教学思路

《义务教育小学语文课程标准（2011年版）》要求在中高段写作教学中，教师应教会学生从阅读中揣摩文章的表达顺序，体会作者的思想感情，初步领悟文章基本的表达方法。在交流和讨论中，教师要鼓励学生敢于提出自己的看法并做出自己的判断，引导学生简单地描述自己印象最深的场景、人物、细节，说出自己的喜欢、憎恶、崇敬、向往、同情等感受。在阅读交流过程中，教师要有意识地引领学生感受优秀作品的感染和激励，向往和追求美好的理想。

《鼹鼠的月亮河》内容生动、有趣，故事中有个性的角色给学生留下深刻的印象；故事情节惊险、刺激，容易激起学生的想象和兴趣，为习作教学铺设了良好的情境和氛围。在教学中，我将用表达交流→领悟写法→激发想象→大胆创作的步骤进行课堂设计，通过营造生生间、师生间的交流讨论为主的情境，引导学生积极发表自己的意见，鼓励学生学会抓住要点进行简要讲述；在创作想象中铺设情境，引导学生根据想象的对象和场合进行有条理、有创造的设计；根据学生不同的学习能力，帮助学生通过合作互学的方式完成教学目标。

五、教学设计

教学过程环节表

教学过程——环节（1）		
教学内容	表达交流，回顾提升	
教学目标	分享交流，加深角色印象，享受阅读的乐趣	
核心问题	能够回忆故事情节，激发创作的兴趣	
问题解决	问题情境	解决策略
	1. 故事图片激趣"猜猜他是谁？" 2. 请学生分享：你最喜欢哪一个关于图中角色的故事？	1. 教师出示生动、有趣的故事图片，重新激发学生对书本内容的美好体验。 2. 学生回忆讲述；建立新课和旧知之间的链接
教学过程——环节（2）		
教学内容	重温故事，思考联结	
教学目标	大胆想象并正确交流自己的见闻、感受，注意把自己觉得新奇、有趣和有逻辑的内容表达清楚	
核心问题	联结内容，逻辑思考，正确表达	
问题解决	问题情境	解决策略
	1. 第一次踏上属于自己的旅行，你们觉得主角的心情是怎样的呢？ 2. 遇到困难时，他的心理有什么变化？ 3. 角色心理变化和故事发展有什么关联？	1. 学生阅读故事，结合内容分享感受；教师引导交流，提升感悟；根据学生的分享，教师板书。 2. 学生思考、分享、汇报；教师引导、板书。 3. 学生结合汇报结果联结要点，深入思考；教师补充、提示，指引思考方向
教学过程——环节（3）		
教学内容	掌握重点，领悟写法	
教学目标	感悟作者的写作要领，学习写作手法	
核心问题	学习作者的写作手法	

续 表

	问题情境	解决策略
问题解决	1.作者是怎么吸引我们的阅读兴趣的呢？ 2.请同学们带着自己的阅读感受，完成阅读学习单，感悟故事起伏变化。 3.你读过的书中，有哪些跟作者的写作手法相似？	1.学生再次阅读感悟，加强阅读理解；教师巡视指导。 2.学生通过交流分享，提升写法的感悟；教师相机点拨。 3.教师总结写法，引导学生联结经验，感受作者的写作方法

教学过程——环节（4）		
教学内容	激发想象，大胆创作	
教学目标	能够大胆想象，愿意尝试将自己的想法和他人分享，享受创作的乐趣	
核心问题	大胆尝试创作	
	问题情境	解决策略
问题解决	1.梦想还没有实现，同学们觉得米加下一次出发会去哪里呢？ 2.还有同学有自己不同的想法吗？ 3.请同学们结合故事导图，创作属于自己的故事吧！ 4.谁愿意给大家分享一下自己的创作设想？ 5.同学们的设计新颖生动、妙趣横生，请大家运用作者的写作技巧，发挥独特的想象力，把自己的故事完整地创作出来	1.学生思考、交流；教师根据学生的回答，引导学生展开大胆想象。 2.鼓励学生个性地思考、表达。 3.学生借助学习单，完成创作设想；教师巡视指导。 4.学生展示创作；教师激励表达，提高创作热情。 5.教师总结写作要点，激发学生创作的兴趣；学生选择喜欢的方式完成创作

六、教学实录

师：（课件出示：《鼹鼠的月亮河》故事封面）最近这段时间，我们一起沉浸在一个美妙的童话故事中。（面带微笑、略带兴致地）这节课，老师邀请大家重新走进这条美丽的月亮河，去回味每个动人的故事，展开我们想象的翅膀，分享我们从故事中体会到的快乐。

师：（带着神秘感）这本书里有很多有趣的角色，我们就先来做个小小的游戏，请你"猜猜他是谁"。

（教师出示故事角色图片，学生纷纷举手，教师随机请一名学生回答）

生：这是咕哩咕，他是个厉害的魔法师，会变很多魔术。

（学生自信满满，看得出来他对故事角色和情节都比较熟悉）

师：你最喜欢哪一个关于他的故事？（走到学生面前，略带急切地询问）

生：（兴致勃勃地）我喜欢看咕哩咕教米加学习魔法的故事，他还用魔法闹出很多笑话。（略思考）我最喜欢他们到黑熊剧院演出的那段故事，我觉得咕哩咕的魔法很精彩。

师：（扫视全体同学，眼神肯定）他确实是一位神奇又有点古怪的魔法师，难怪你喜欢他。

（教师回到黑板前粘贴故事标题：穷魔法师咕哩咕、学会了几个魔法、黑熊剧院演出）

师：（继续播放图片）这位是谁？（只出示图片的一角，请学生猜）

生：米加的好朋友黑炭，他身体的毛是黑色的，很容易认出来。

师：（肯定地点头，亲切地问）能不能给同学们说一说黑炭的故事？

生：黑炭是乌鸦森林里的领袖，他原来不怎么喜欢米加，但是有一次他们一起对抗天敌老鹰铁嘴，后来他们成为好朋友。

（学生讲述故事，教师回到黑板前粘贴故事标题：米加变成了乌鸦）

师：真是患难见真情啊！他们一定能成为最好的朋友！（面向全班询问）书中还有哪些独特的角色和有趣的故事？

（学生纷纷举手分享，教师根据学生的分享在黑板上粘贴相应的故事标题）

生：还有咕哩咕想把黑色的帽子变成鸟窝，结果把米加变成乌鸦的故事。

（教师粘贴故事标题：鸟窝变帽子戏法）

生：我很喜欢米加和尼里的故事，米加给她写了很多信，他们是最好的朋友。

（教师粘贴故事标题：月亮河的友情、给尼里的信）

师：一个个鲜活的角色组成我们书中那么多精彩的小故事。我们故事的主角米加经历了这么多困难和挑战，他的内心一定充满了丰富的情感，让我们再次走进他的内心世界吧！请同学们翻开故事第二章节，回顾一下米加在故事里的经历和情感变化，简单标注一下你的感受。

（教师出示阅读要求，提示学生根据要求阅读故事章节并做阅读批注；教师巡视指导）

师：哪位同学能给大家分享一下第二章的内容？

生：这一章主要讲的是米加独自旅行，开始时找不到地方住，他的鞋子也破了，后来田鼠一家收留了他，让他帮忙挖洞。他还遇到了一位热心的卡车司机，把他带到了一个叫作"书城"的地方。在这里他遇见了魔法师咕哩咕，米加请求做他的助手，跟他学习了很多魔法。

师：第一次踏上属于自己的旅行，你们觉得他的心情是怎样的呢？

生：（兴奋地）自己出去旅行肯定很高兴，我也很想自己去旅行。

师：是的，米加当时跟你一样，内心充满了对未来的向往，他肯定又兴奋又激动。（教师板书：出发、兴奋）

师：米加在旅途中一直保持这样的心情吗？

生：不是。他刚出发没多久就把鞋子走破了，没有地方休息，只能在树底下过夜，还找不到吃的东西。我觉得他这时候应该会很难过，很沮丧。

师：是啊，自己一个人踏上旅途，举目无亲，一路奔波，内心一定很彷徨，很无助。

（教师板书：劳累、沮丧）

师：刚开始出发，就遇到了这么多的困难，米加是怎么解决自己的困难的呢？

生：米加向田鼠一家借宿，还帮他们制作了小推车。

师：（出示情节图片）米加利用自己的能力获得了面包、牛奶、鞋子及洗澡的热水。这时的米加还会感到沮丧吗？

生：肯定不会。能用自己的劳动帮助别人，又得到这么多东西，他肯定很快乐。

师：（肯定地）你肯定也是个热心助人的孩子，所以你才会感受到米加的快乐！

（教师板书：制作小推车、快乐）

师：（继续引导）旅行还没结束，米加的挑战还在继续。再次踏上旅程，米加遇到了什么困难？他的心情有什么变化呢？

生：米加想去城里，可是路途太远了，田鼠的鞋子不合脚，他这个时候肯定也很难受，但是卡车司机帮助了他，他又开心起来。

（教师板书：路远、难受）

师：帮助别人很快乐，得到别人的帮助肯定更开心！

（教师板书：获得帮助、开心）

师：同学们，米加的旅程刚开始，却已经紧紧地吸引了我们的目光！从出发时的兴奋到劳累时的沮丧，从帮助别人时的快乐到路途的艰辛、难受和获得帮助时的开心，米加的旅途真是惊险、刺激。

（教师边讲述边根据板书给故事情节图片连线）

师：（手指完成的故事折线图）正是这样跌宕起伏的故事情节设计，让我们深刻地感受到米加的内心，引领我们和米加一起同欢乐、共悲伤。米加的旅行还在继续，他接下来的旅程也是这样跌宕起伏、充满神奇色彩的吗？下面请同学们带着你的阅读感受，和小组的同学交流、讨论，一起完成我们的阅读学习单中《乌鸦森林》的故事地图。

（学生交流合作，感悟故事情节；教师巡视、引导）

师：通过参与同学们的学习交流，老师发现一些同学的感受特别深。老师邀请了几位同学给大家分享一下自己的故事感悟地图。

（师用投影仪展示学生作品，请学生轮流分享）

生：我想分享的是米加学魔法的故事。米加认识咕哩咕的时候很兴奋，因为他觉得可以学习魔法实现自己的梦想。但是学习的过程太辛苦了，米加学习魔法的过程非常曲折（边讲边示意同学看图），所以米加的心情也是时起时落的。

生：我给大家分享的是米加在乌鸦森林遇见乌鸦红辣椒和黑炭的故事。（边讲边示意同学看图）

生：变成了小鸟，能在天空自由飞翔，米加很开心，可是因为黑炭不喜欢他，他感到很失落。（示意学生观察故事曲线由高变低）

生：但是红辣椒很喜欢和他做朋友，米加的内心也变得温暖了。后来因为思念亲人、朋友，米加感到很忧伤。在和黑炭一起战胜铁嘴老鹰以后，米加信心高涨，觉得和身边的朋友们在一起也是很快乐的。

师：是呀，成长路上的挫折不断，让米加的旅程变得充满挑战，也让这个月亮河的故事更加扣人心弦。这个让人充满期待的故事真可谓一波三折！

（教师板书：一波三折）

师：在同学们赏读过的作品中，有没有也是利用这种写作手法吸引我们兴趣的故事呢？

（学生纷纷举手）

生：我看过的《汤姆·索亚历险记》也是这样的，汤姆·索亚和他的朋友们经历的每个故事都很惊险、刺激。

生：我最近看的《西游记》也是这样的，特别是"三打白骨精"的故事，太让人回味了。

生：《爱丽丝梦游仙境》的故事也是一波三折，非常吸引我。

生：还有《飞屋环游记》，故事非常惊险、刺激，让人很过瘾。

师：是的，同学们想一想，这些我们喜欢的作品有共同的特点：巧设悬疑，故事一波三折，充满了神奇的趣味。

（教师在故事地图上板书：巧设悬疑）

师：（有感情地讲述，引导学生想象）鼹鼠的第一次旅程圆满结束了，但是小米加告诉我们，他的旅程不会就此停止，他想去不一样的地方历险，也许他会遇到不同的朋友和挑战呢！同学们觉得米加下一次出发会去哪里呢？

生：我觉得他可能会到太空去，那里一定会遇见更多有趣的事情。

师：你的这个想法太有意思了，你能说说米加在太空里可能遇见什么吗？

生：（思考片刻）我觉得他肯定会遇见外星人，他可能会帮外星人打败敌人。

师：哇！（作惊讶状）好期待你的故事！

师：还有没有同学有不同的想法？

生：我觉得鼹鼠应该会去太阳岛历险，他一定会遇到太阳公公的。

师：（兴奋地）刚刚结束月亮河的路程，马上就要登陆太阳岛了！你这个想法真让人兴奋！

生：（着急地）老师，我想让米加去海底世界，那里有很多贝壳，还有小丑鱼……

生：（抢着说）海里还有大鲨鱼呢。

（学生纷纷分享自己的想法）

（教师微笑示意安静）

师：同学们的想法实在太有趣了，老师真想跟随米加到每个故事里走走。

下面，就请同学们结合故事导图，把自己畅想的故事创作出来吧！在创作之前，老师邀请了几位故事"智多星"给大家送上写作锦囊，有请几位"智多星"上台！

（一些学生戴着角色头饰走上台，其他学生纷纷鼓掌）

生1：在创作之前，我们需要设计哪些内容呢？（出示故事思维设计图，示意同学思考）

生2：要想好故事的名字，故事的名字一定要带有神秘色彩，让人产生阅读的兴趣。

生3：还要想好故事的角色，有趣的故事角色能让我们的故事变得更加生动。

生1：最后我们还要设计故事的情节，让故事跌宕起伏，紧张刺激。

师：故事情节是我们创作的关键，（指示板书）同学们一定要利用好"巧设悬疑、一波三折"这个写作技巧。

师：感谢几位"智多星"带来的写作锦囊，同学们一定从中得到了不少的启示。

师：创作属于自己的故事是一件令人兴奋的事情。今天的几位"智多星"还变成了月亮河里的几位故事主角，他们也想参与同学们的故事，谁愿意邀请他们呢？

（学生纷纷举手）

（教师根据情况分配角色参与小组创作）

师：我们每名同学心中一定都有不同的想法，下面请同学们发挥自己的想象力，（出示阅读单二）利用读写单，完成你们的故事设计导图，需要合作的同学可以找老师和小组的同学讨论、交流。

（学生选择个人或小组合作完成故事设计导图）

（教师巡视指导，邀请个别学生做好分享准备）

师：有许多同学已经完成自己的设计了，我们请这些同学给大家分享一下自己的创作设想吧！

生：（展示故事设计图）我设计的故事名字是《神秘太阳岛》，我邀请了魔法师咕哩咕和我一起开启冒险之旅。在这里，我们会遇到太阳国王、太阳王后和太阳王子，我们会帮他们一起解决太阳皇宫太热的问题。

师：你们觉得他的这个故事设计能吸引人吗？

生：（评价）我觉得很有趣，太阳岛上这么热，我特别想知道米加他们会怎么生活下去。

师：故事名字很神秘，故事也一定充满趣味。

生：（展示故事设计图）我们组一起设计的故事叫《鲨鱼海寻宝记》。米加会在这里认识不同的鲨鱼朋友，有伤害他的鲨鱼王，也有和他一起历险的鲨鱼朋友。

师：谁对这个故事感兴趣？请说说你的想法。

生：（感兴趣地）鲨鱼也能变成朋友，这个想法挺好玩的。

师：只是听着这个名字，就已经让人万分期待了，希望你们能继续合作，把这个故事编写得更加有趣。

师：同学们的设计新颖生动、妙趣横生，希望同学们把"一波三折"的写作技巧运用到自己的故事创作中，发挥无限的想象力，把自己的故事完整地创作出来。

师：最后，给大家推荐作家王一梅写的另外一本故事书《木偶的森林》，期待同学们从中找到更多的写作灵感。（示意学生下课）

七、教学反思

习作指导是语文教学中的一大难关，这跟学生的习作能力有很大的关系。不少学生语言积累少，总是觉得无内容可写；缺乏想象力，题材千篇一律；表达平淡，难以写出真情实感。

《鼹鼠的月亮河》这本书题材新颖，写作手法精练，最重要的是书中的故事情节设计得巧妙绝伦，很容易引起学生的兴趣。抓住"兴趣"这个提高学生自觉性和积极性的核心因素，笔者明确了本次习作指导课的方向，引导学生通过熟悉的故事展开学习，以故事中的角色和趣味性的故事情节激发学生的习作兴趣，使学生产生表达的愿望。根据学生喜欢想象的特点，笔者设计了故事创作环节，通过对故事内容的回顾，引导学生探索作者写作的奥秘，教给学生写作的方法，使学生在交流中产生创作的欲望。只要有兴趣了，学生写起来就不难了。

在研课、磨课的过程中，笔者领悟到引导学生参与习作的关键是让学生感受到表达、分享的喜悦，这样学生才会满怀乐趣和自信地主动学习。因此，笔者接连设计了几个供学生表达分享的学习情境，以说带悟、以思促写，给学生更多参与和表现的机会。这样不但很好地缓解了学生面对习作所形成的紧张氛围，激发出学生"想写、要写、会写"的状态，还提高了学生的写作兴趣和热情。

写作情境设计是这次教学设计的一大亮点，笔者觉得在今后的教学过程中，除了在课堂中挖掘源头外，还应该更多地引导学生在丰富的课余生活中开阔视野，开挖习作的源泉；从学生最近接触到的、最容易引起感知的素材入手，多在日常教学中创设写作的情景教学，紧扣课标基本要求，多维度进行教学设计。

在写作教学实践中，我们要有意识地把阅读教学与习作指导结合起来，指导学生学习不同作者的创作方法，注意引导学生对读本的结构和写作方法进行分析；要通过阅读带动学生写作热情，使学生从阅读中汲取写作的营养，从而提高学生的写作能力。阅读是学生获得习作技巧的良好途径，学生可以从不同的阅读题材中学到不同的写作技巧。我们应该有选择性地、有长期有目的性地进行培养，让学生从阅读中积累语言材料，增强学生的习作能力，使学生读写结合，提高学生的写作能力。

教完本节课后，我觉得还可以在以下方面做出改进：

（1）在教学中，我感觉我的评价角度不够多元化。得当的评价才能有效激励学生积极参与学习活动。在教学过程中，我应该更细心地对不同水平的学生给予不同的评价；应针对学生的发言特点和期待方向进行明确的指引；语言要更加精练，关注每名学生的不同发展，及时提供引导。

（2）在生生交流过程中，我要注意培养学生倾听的习惯。在学生分享前要强调并明确分享交流要求，让学生养成良好的倾听习惯。在师生交流中，我应该用更加生动、形象的语言描述故事，用更夸张、更丰富的表情和肢体动作引领学生走进我们创设的故事情境中。

附：

《鼹鼠的月亮河》阅读单

实现自己的梦想可不是容易的事，因为常常会有意想不到的事情发生，米加的旅程更是一波三折。

（1）请你继续阅读第三章，完成故事地图。

（2）米加变成乌鸦，爱上了挖掘；铁嘴变成小鸡，再也不愿意做回老鹰……生活会给我们带来各种意想不到的体验。请你来当一回小作者，跟随王一梅阿姨一起编写更加有趣的故事吧！请用思维导图的形式，先画出自己的设计思路。

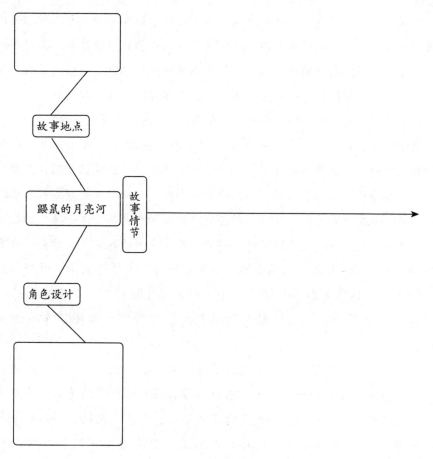

案例点评

深圳市莲南小学　黄立谨

　　本节课以读悟结合为写作的支撑点，利用交流分享，促进学生感知角色形象，领悟作者的写作技巧；以学习"一波三折"的写作方法为课堂目标，以合作交流、互学互促、教师引导为教学方法，展开本课的学习。黄老师在此次习作教学中表现出了良好的习作教学思想，渗透了习作教学的新理念，在课堂教学中较好地贯彻和体现了以生为主、以学定教的教育思想。

　　在教学过程中，学生讨论积极，大胆分享自己独特的感受和想法，合理地进行想象，对教学内容兴趣浓厚。这体现出大部分学生对文本的掌握和喜爱，也充分体现了教师对教材的精准理解和把握，教师制订的教学目标可观、可测。

　　教师创设的学习情境很好地激发了学生对故事内容的回忆和思考。通过师生间的问答交流，教师顺其自然地把学生引入精彩的故事情境中，激发了学生强烈的表达欲望。在创作的过程中，学生不仅通过分享感受阅读的乐趣，也能通过合作探究，获得创作的情感的体验。教师通过和学生一起关注文本，用恰当的语言启发学生思考，给学生提供了有话可说、有感可发的平台。

　　课堂教学设计突出了学生的主体地位。教师采用了"自主交流、合作探究"的教学模式促进学生的学习，给予学生主动学习、交流的空间，呈现了开放式的学习情景，激励学生提出不同的看法和感受，让学生充分发挥自己的主观能动性。如在指导想象创作时，教师能够激励学生主动交流分享，"故事的名字很神秘，故事也一定充满趣味""你一定有更好的想法""你的设计真令人期待"等。教师根据学生的讲述，有意识地对学生进行点拨、激励，充分发挥教师作为引导者和参与者的作用，帮助学生进行有效的交流合作，大大提高了学生学习的效率，营造出活跃的课堂氛围，体现了学生的主体地位。

　　运用阅读单辅助习作思维的建立是这节课的最大亮点。教师能准确把握习作教学和学生的年龄特点，大胆尝试颠覆传统习作教学的步骤，利用读、悟、思的过程，一步步引导学生进行深入学习，为学生架设了一座轻松有趣的、克服写作困难的桥梁。这种教学模式的转变奠定了新的习作教学走

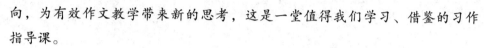

向，为有效作文教学带来新的思考，这是一堂值得我们学习、借鉴的习作指导课。

以下是对本课的一点建议：在通过故事折线图领悟作者写作方法的这个环节中，教师可以尝试给学生提供更自由的思考空间，让学生互学互促；留给学生创作设计的时间要更充足一些，以帮助学生思考和完善自己的创作。

数学学科《编码》教学案例研究

深圳市莲南小学　王佳士

一、内容定位

　　"编码"是北师大版小学数学四年级上册"数学好玩"的内容。"数学好玩"重视激发学生学习数学的兴趣，开阔学生的视野，发展学生综合运用所学知识分析和解决实际问题的能力。

　　在数字化的现代社会里，数是人们表达、交流和传递信息的重要手段。数的应用一般有两种情况：一是表示数量，具有表示大小及运算的功能；二是表示编码，没有表示大小和运算的功能。本节课内容是关于"数"的第二种情况。在现实社会里，大到国际间军事情报、经济信息、科技动态的密码传递，小到电话号码、邮政编码、车辆牌号、身份证号码、学号、房间号码等，都可以进行编码。可以说，数字因具有方便、简洁的表达形式而被应用到了生活的方方面面。因此，教材设计了"编码"的学习内容，鼓励学生从编码的角度用"数"表示日常生活中的一些事物，增强学生对"数"的应用意识，使学生更深刻地理解数的意义并逐步建立数感。

　　本课的核心问题是寻找编码规律和含义。

　　本课的教学重点是会进行简单的编码。

　　本课的教学难点是体会编码的意义。

二、学情分析

　　四年级学生在生活中已经对编码有了初步认识，如学生自己的学号、图书馆藏书的图书码，都是日常生活中常见的编码，所以学生在这种情况下学习编码是比较容易的。本课所学的编码是数的另一种表示形式，相比之前学习的数，它不能运算、没有大小之分，对于正处于逻辑抽象思维发展初期的四年级学生来说，理解编码的意义可能有一定困难。因此，笔者从学生的生活实际入手，由学生感兴趣的破案推理类素材引出"编码"。在教学中，笔者通过讨论交流、论证推理、设计大赛激发学生的求知欲，培养学生学习数学的兴趣，提高学生的创新能力。

三、教学目标

（1）结合具体的问题情境，了解编码的广泛应用，进一步体会"数"在日常生活中的作用，感受数学的文化价值。

（2）结合具体的问题情境，通过观察、比较、猜测来探索数字在编码中所表示的具体含义，认识编码中的一些规则和方法，会应用数来描述某些事物的特征，进一步理解数的意义，逐步建立数感。

（3）在利用编码解决问题的过程中，产生数学探索欲望，发展推理能力。

四、教学思路

根据四年级学生的年龄特征、认知水平及已有学习经验，"编码"的课程设计采用"课前调查、了解编码—小组交流、相互评说—全班探讨、了解规律—利用规律、解决问题"的教学思路。本课设计如下几个环节：①破案引入，激发学生的学习欲望。本环节以侦探为引子，激发学生破案的欲望，从而为编码的学习奠定基础。②小组交流课前小调查，全班汇报，发现编码规则。这个环节重在培养学生的合作意识，增强学生的交流能力、观察能力和总结概括能力。③应用规律，设计编码。本环节是全课的拓展部分，重在引发学生思考，提升学生的创新能力。

五、教学设计

教学过程环节表

教学过程——环节（1）	
教学内容	了解数的另外一种表达方式——编码
教学目标	了解编码的广泛应用，体会"数"在日常生活中的作用，感受数学的文化价值
核心问题	体会编码的意义

	问题情境	解决策略
问题解决	1. 根据数学故事，你知道探长是怎么破案的吗？（PPT投影身份证及银行卡复印件，黑板张贴五位犯罪嫌疑人图片） 2. 你还知道其他编码吗？ 3. 你想做更厉害的探长吗？那就一起来了解更多的编码知识吧！	1. 学生根据课前对身份证编码的调查，通过身份证号和银行卡号找到犯罪分子。 2. 学生通过课前自行调查，找到生活中各种各样的编码。 3. 迎合学生的兴趣，激发学生进一步学习编码的积极性。

教学过程——环节（2）	
教学内容	身份证编码的规律和含义
教学目标	体会编码中的一些规则和方法
核心问题	身份证中的编码都有哪些规律及含义

	问题情境	解决策略
问题解决	1. 谁愿意分享你们小组课前调查的编码和小组讨论的发现？ 2. PPT展示一个孩子的身份证编码，让学生猜这个孩子的出生日期。 3. 判断哪个身份证号属于进入网吧的未成年人。 4. PPT展示班上两位双胞胎的照片，请学生猜一猜他们的身份证号码是否完全一样。 5. 根据给出信息，猜猜教师的身份证号，并进行简单编码。	1. 学生小组讨论课前的小调查，找到编码中的规律及含义，小组派代表分享发现。 2. 学生观察、思考，同桌交流，全班汇报交流。 3. 学生观察、思考、推理，小组交流，说出推理的思路。 4. 学生思考，小组讨论，进行生生互动。 5. 学生在PPT里寻找所需编码信息，小组合作进行简单编码，最后总结出编码的原则——简单明了、不重复、有序。

续　表

教学过程——环节（3）		
教学内容	利用编码解决实际问题	
教学目标	学会简单的编码	
核心问题	怎样设计出更合理的编码？	
问题解决	问题情境	解决策略
	1. 请为班级的前门钥匙编一个钥匙码，方便保安叔叔找钥匙。 2. 请为全校学生编学号，以自己为例编写一个学号，并说明编写规则及含义。 3. 教室有新旧两个书柜，里面放着新旧两套图书，为了方便管理，给这些书编图书码。	1. 学生开始思考：全校教学楼共有几层？共有多少个班级？每个班级有前后两扇门，共几扇门？然后小组合作，开始编码。 2. 学生以自己原有的学号为例，编一个全校性的学号，然后展示、交流。 3. 学生小组合作，进行讨论、交流，找到最合理的编码，进行全班展示、交流

六、教学实录

师：（用故作神秘的语气）同学们，昨天我和陈×同学聊天时发现她很喜欢听故事，特别是推理故事。因此，我答应她今天上课前讲一个故事，大家想不想一起听一听？

生：（非常兴奋的表情，又用非常期待的眼神看着教师）想听，想听。

师：在一个风和日丽的上午，一个犯罪分子慢悠悠地走近了ATM取款机。他走路的样子真像绅士啊，可惜眼神暴露了他的身份。他东张西望，一看就是另有企图。犯罪分子靠近了取款机，装作取款的模样。突然砰的一声巨响，只见取款机被打开，钱被犯罪分子拿走了（讲故事过程中配上相应的声音、表情和肢体语言）。不久，探长过来勘查现场，发现了一张撕烂了的身份证复印件及银行卡复印件，根据这两份不完整的复印件锁定了五位犯罪嫌疑人。（PPT展示两张内容不完整的复印件，教师在黑板上张贴五位犯罪嫌疑人的头像及信息）

师：探长通过对现场两张复印件进行比对，找出了犯罪分子。你知道哪个是犯罪分子吗？（观察学生反应）

（很多学生都举起了手）

生：（一男生站起来）穿蓝色衣服、光头的。

（其他学生一阵笑声）

师：（跟着微笑）能说一说理由吗？

（笑声止，学生都开始思考）

生：不能。

师：敢于发表自己的观点已经很不错了！请坐，再想想看。请另一位同学回答。

生：我觉得是中间那个穿大衣、没戴墨镜的。

师：你描述得真细致，而且是不一样的答案，请坐。比起答案，其实老师更想听到你分析的过程，还有你锁定犯罪分子的理由是什么。

生：我赞成黄同学说的那个最边上的光头嫌疑人（听到"光头"一词，全班大笑），因为身份证信息……（该生一时回答不上来，最后翻书找到了答案）

师：先不要翻书，要有自己的分析。谁还愿意来说一说？

生：我也觉得是最边上的那个光头嫌疑人，因为那个身份证复印件的号码中有出生日期1972年，而这五人中有两人不是1972年的，可以先排除。

师：哦！原来这几位数是出生日期啊！那我们就把黑板上不是1972年出生的去掉，这样还剩下三人。接下来怎么确定谁是犯罪分子呢？

生：还有一个复印件信息没有用到。

师：（故作诧异）哪个？

生：银行卡复印件。

师：警察还给了我们一份银行卡信息对照表，我们根据对照表发现，犯罪分子的银行卡开头数字是"66543"，而黑板上哪个嫌疑人的银行卡号开头数字是"66543"呢？

生：光头的那个人（大笑）。

师：确实是，你们观察得真仔细，只有光头的那个人的银行卡信息符合对照表。

师：这样一步步分析，我们当了一次警察。

（学生得意洋洋）

师：其实身份证上的数字和银行卡上的数字并不表示具体的数量，而是数的另外一种表示方式——编码。编码没有大小之分，也不能运算。编码包含的意义还很多，同学们想不想当一名更厉害的探长呢？

生：当然想。（声音洪亮）

师：那我们就一起继续寻找编码的含义。首先，请拿出昨天老师布置的小调查作业。①小调查：调查爷爷、奶奶（或外公、外婆）、爸爸、妈妈（或叔叔、阿姨）和自己的身份证号码。②观察上面的身份证号码，你有什么发现？你想了解身份证上数字的奥秘吗？想办法查查看，你能查出什么？写在下面。③你还知道其他编码数字隐含的意思吗？

师：都完成了吗？

生：完成了。（纷纷举起自己的学习单）

师：和小组成员一起说说你的发现吧。

（教师巡视，做指导）

（有些学生讨论得意犹未尽，根本停不下来。）

师：哪个小组最先静下来、最先坐端正，我就给这个小组加一分。

师：哪个小组愿意派代表来分享你们小组的发现？

（学生纷纷举手）

师：好的，掌声有请这位同学上台发言。

生1：（上台）请大家听我说。

生：（齐声）我就听你说。

生1：身份证最前面两位数字代表的是省份，黑板上的"44"代表的是广东省，也就是说这个身份证号的主人是广东人。这两位数字代表的是市，这两位数字代表的是县或区……

师：这位同学讲得真细致，身份证编码的基本含义都说到了，说明他课前资料查得很认真。虽然他腼腆了一些，但还是勇敢地上来了，我们为他的认真和勇敢鼓掌。（鼓掌）

（学生鼓掌）

生1：大家有不同意见或补充吗？

生2：你那里的"区"是不对的，北京就没有区，只分一环、二环、三环……

生1：这个……（不知道怎么回答，其他学生帮忙）

生3：北京是有区的，我就听说过北京市朝阳区。而在没有区的地方，这两个数字表示的就是县。

师：（对着生3）厉害啊！你知道的真多，人在深圳，还知道北京的地理知识！

生1：（转身问其他同学）还有补充吗？

生3：最后那个校验码也可以用X来代替，因为我妈妈的身份证最后一位校验码就是X，这个X是罗马数字10。

师：（对着生3）你知道的可真多，罗马数字你也知道，厉害啊！

（生1回座位）

师：（对着生3）那你知道为什么这里的编码不用10来表示，而是用X来表示吗？

生3：因为写10的话就变成两位数字了，而身份证编码只有18位，数位是统一的，写10就会比写1～9的多一个数字，因此不是1～9的校验码就用X表示。

（师板书：统一数位）

生3：老的身份证号是15位编码，现在新的身份证号都是统一的18位编码。

师：你知道的真多，还有人补充吗？

生4：我想问一个问题，偶数和奇数是什么意思？

师：（环顾四周）谁能解答？

生：偶数就是2、4、6、8、10、0，奇数就是1、3、5、7、9。

生：偶数还可以这样理解，偶数是可以被2整除的数，没有余数的。奇数是不能被2整除且有余数的数。

师：现在懂了吗？（走到提问学生的身边，亲切地问）

生4：懂了。

师：我喜欢数学课上爱提问的孩子，希望大家像她（生4）一样敢于说出自己的疑问，千万不要不懂装懂。

师：身份证编码的规则——地址码（第1～6位）、出生日期码（第7～14位）、顺序码（第15～17位）、派出所代码（第15～16位）、性别码（第17位）、校验码（第18位）（边总结边板书）。

师：接下来我要考考大家。我这里有一个孩子的身份证编码，你知道这个孩子的出生日期吗？看哪里？

生：2010年6月13日，看第7～14位。

师：其他同学有不同意见吗？

（生摇头）

师：性别是什么？看哪一位？大家一起说。

生：（齐声）女，看第17位或倒数第2位。

师：年龄是多少？

生：（齐声）9岁。

师：这个身份证编码就是我们班上同学的，你知道是谁的吗？

（学生迟迟没有反应）

生：是我的。（该女生一脸害羞）

师：小探长们，又到你们露一手的时候了。三友网吧今天混进去了一位未成年人，我们都知道未成年人是禁止进入网吧的，你们现在就是不满18周岁的未成年人，是禁止去网吧的。在三友网吧查到了两个嫌疑人的身份证号码，请你来判断一下哪个是非法进去的？并说说你是怎么判断的。（PPT出示身份证编码）

生：先找到出生日期码。这两个嫌疑犯的出生年份一个是2001年，一个是2003年。现在是2019年10月30日，2019-2003=16，因此2003年出生的那个人不能进去。2019-2001=18，生日是2001年10月13日，另一个人已经满18周岁了。

师：回答得真完整，方法值得借鉴。

师：王小虎也学了这个知识。爸爸写了小虎爷爷、奶奶、舅舅的身份证编码混在一起给他，让他分别找出哪个是爷爷的，哪个是奶奶的，哪个是舅舅的。请看PPT，这就是爸爸给的三个身份证编码，你们找找看。

生：第一个是奶奶的，从出生日期和性别码可以看出。第二个是舅舅的，从省份码前两位就能看出，他是北京人；从出生日期也能看出，因为他是三个人中年龄最小的。第三个是爷爷的，可以从出生日期码和性别码判断。

师：说得很详细啊！掌声送给他。这位同学的思路启发了我，我刚开始只知道从出生日期码和性别码去判断，忽略了省份码，只有舅舅是北京人，和爷爷奶奶不是同一个地方的。同学们都会判断了吗？

生：（齐声）会了。

师：按道理来讲，双胞胎生于同一地点、同一时间，身份证编码应该是一模一样的吧。（PPT投影本班一对"龙凤胎"学生的照片，全班一阵笑声）

生：（齐声）不对！

师：（故作疑惑）怎么不对？

生：性别码和校验码不一样。

师：揭晓答案，确实是性别码和校验码不一样，其他是一样的。他们的性别码不一样，如果是同性别的双胞胎，他们的身份证编码有哪些不一样呢？课下去找一找吧！

师：现在大家知道了我们班好几名同学的身份证编码，你们一定也很想知道老师的身份证编码吧？那大家就根据PPT里的信息在小组里猜一猜、写一写吧。（PPT展示教师的地址、出生年月日、派出所代码、性别码及校验码的范围，以及教师所在省的各个市、县的地址码一览表。学生兴致勃勃地猜测、交流、写编码）

生：36073319921022836。

生：360733199210022830。

生：360733198910022836。

师：（笑）终于有人猜对了。第一名同学错在哪里呢？

生1：他把老师的出生日期编少了一位数字，老师出生在2日，应该用02来表示。

生2：而且身份证编码是18位数字，他编的只有17位。

师：你们真会思考，掌声送给他们。第二名同学错在哪里呢？

生：错在计算。

师：你观察得真仔细。

师：编码时需要注意什么？

生：不能太复杂。

师：也就是要简单明了。（板书：简单明了）

生：不能重复。

师：是唯一的，不能重复。（板书：不重复）

生：有序。

（教师板书：有序）

师：那我们也来体验一下做设计师的感觉。我们还是以小组为单位进行小小设计师编码大赛，评出"最佳设计师"和"优秀设计师"。要求小组合作，选一个题目进行设计，所设计的编码要符合这些原则：简单明了、不重复、有序。（PPT出示题目：①莲南小学有一幢教学大楼，我们班在4层东起第6间教室，请以我们班的前门钥匙为例，编一个钥匙号码。②学校总共有2019名学生，请以你现在班上的学号为准，编一个小学六年都不变的学号；以你自身为例，编一个学号说明。③我们教室有新旧两个书柜，里面放着新旧两套图书，为了方便管理，我们一起来给这些书编图书码。教师巡视，并参与小组交流）

师：下面我们请一名同学来给大家说一说思路，掌声有请。

生1：请大家听我说。

生：（齐声）我就听你说。

生1：第一题，首先第一个数字用来表示楼层，第2个数字用来区分前后门，前门用1表示，后门用2表示。第3和第4个数字表示第几个教室。比如我们班的前门钥匙编码为4106，表示这是4楼第6间教室的前门钥匙。有不同的建议吗？

生2：第1个数字不变，第2和第3个数字用来表示第几间教室，最后一个数字用来区分前后门，会不会更好？

生：（纷纷说）有道理，你编的更有序。

（教师在一旁竖起大拇指）

生1：第二题，我用8位数字来表示学号，前四位表示入学年份，这样就不用每年编学号，可以一个学号用到毕业；第5和第6位是班级的学号，一个班现在都有五十多名学生，所以学号必须用两位数；第7和第8位为性别码，男生用01表示，女生用02表示。按照这种编法，我的学号为20160301。大家还有更好的编码方法吗？

（教室里鸦雀无声）

生1：第三题，我用4个数字组成图书编码，第1个数字表示书柜，1表示旧书柜，2表示新书柜；第2～4位为图书本数，第一本为001，因为我们的图书的本数肯定超过一百了，必须用三位数表示。

师：掌声送给他（生1），思路很不错，总之我们编码的原则是简单明了、不重复、有序，做到这三点肯定没错。我相信还有很多同学有不同的编排方法，课后继续将它编完整，我们在下节课评比。

师：其实我们整节课都在学习编码的相关知识，我们学习单上的课题没有

写，请你补充完整。（板书：编码）

师：生活中的编码随处可见，如：邮政编码、车牌号码、电话号码、条形码等，它们的编排都是有规则的，你想知道它们的规律及含义吗？如果想，就在课后去查一查资料，记录下来，和大家分享吧。今天的课就上到这里，下课。

七、教学反思

"编码"这节课的学习内容很多学生都很喜欢。编码涉及的知识点都是日常生活中能接触到的，比较容易理解，而数字里面所蕴藏的含义看起来又有一定的神秘感，这让好奇心很强的四年级学生更感兴趣了，教材的设计也正是抓住了四年级学生的兴趣点。笔者将课本的情景图变成一个破案故事并带入课堂，用故事成功地吸引了学生的注意力，使学生一开始就对这堂课产生了兴趣。俗话说"兴趣是最好的老师"，只要学生有兴趣学，就没有学不会的知识。

课中，笔者引导学生寻找身份证编码的规律及含义，由于一名学生一开始就把身份证编码的规律和含义说清楚了，致使笔者没有关注更多的学生。《义务教育小学数学课程标准（2011年版）》指出：让不同的人在数学课上获得不同的发展。课堂应该给学生更多的表达机会，在课前设置前置性学习单的目的就是让所有孩子能在课前自学，在课上充分展示自己，发生思维碰撞。以后笔者在课堂上会尽可能多地关注学生，给每个学生展示的机会，提升学生的自信心。

本节课的第三个环节是设计编码，这一环节是本课的重点。可这个环节的时间笔者没有把控好，前一环节花的时间太多，导致学生设计编码、展示设计成果方面的时间不够用了。在学生兴趣、求知欲的激发方面，笔者已经做得很充分了，以后会将更多的时间留给学生进行设计创作，提高学生的合作意识和创新能力，提升学生的语言表达能力，锻炼学生的心理素质，让全班学生的创作思路进行碰撞，提高学生的思维能力。

附：

案例点评

深圳市莲南小学　项冬

课改以来，小学数学的游戏化教学和通识性导学成了教师们关注的话题，四年级王佳士老师的"编码"一课令我感受颇多。这节课选自北师大版四年级上册"数学好玩"的内容，这一部分内容教师们喜欢教却不容易教好。这堂课不仅需要教师有超强的分析教材、处理教材的能力，还需要教师有良好的教学素养和灵活的课堂调控能力。

综观整堂课，佳士老师准备充分，设计巧妙，教态亲切，教学过程自然流畅。通过课前布置给学生的前置性学习单，学生用观察、咨询、查找、讨论等方法对家庭成员的身份证号码做了一个小调查，探索日常生活中的编码规律。课上，激趣导入、破解谜团、小组交流、汇报规律等环节层层递进、环环相扣、重点突出，很好地实现了教学目标。

随后的"设计大赛"更激起了学生的学习兴趣。学生们用所学的知识参加比赛、帮助他人，在满满的成就感中体验到了学习数学的乐趣。整个教学过程中，王老师一直站在学生中间，给学生创造展示交流的机会，体现了高度融洽、和谐的师生关系。这节课不但使学生理解并初步掌握了身份证编码的有关知识，了解了身份证编码在日常生活中的实际应用，进一步体会到数学与现实生活的密切联系，还使学生感受到数学的学习乐趣，培养了学生应用数学的意识，调动了学生主动、积极的学习情感。

在教学过程中，教师的主导作用明显，师生互动情况良好，但需要增加生生之间的互动和评价，这样才能更好地激发学生的自主学习意识。

英语学科U2 Can you swim? 教学案例研究

深圳市莲南小学 吴 超

一、内容定位

U2 Can you swim? 选自深圳牛津版小学英语四年级上册，本册教材一共有四个模块，每个模块有三个单元。本单元Can you swim? 是Module1 Getting to know you模块中一个重要组成部分。

本节课的内容主要是Kitty和Alice正在看mini-book *Supergirl*，了解Supergirl的能力，然后Kitty和Alice就Supergirl的能力展开讨论。由于这些内容在低年级都学过，所以对本单元的教学内容进行了整合与改编，加入了副词fast，high，quickly，well的使用。同时，笔者也加入了两句话，让*Supergirl*这本mini-book更加完整。

教材的原有文本为"Supergirl can run fast.Supergirl can swim.Supergirl can fly. Supergirl cannot draw."。我整合改编后，文本变成"Supergirl is great.She can do many things.She can run fast.She can swim quickly.She can fly high.But Supergirl cannot draw well."。

二、学情分析

本节课的授课对象是四年级学生，平均年龄9岁。学生大多活泼可爱，热情主动，上课积极性高。四年级学生已有一定的英语基础，敢于用英语简单地表达自己的所思所想。经过三年多的学习，他们具有用英语介绍自己并询问他人的能力，也具有理解本单元课本文本、理解对话的能力。

此前，学生们已经学过了很多相关的知识。在一年级上册U4 I can sing 这一单元中学过了句型What can you do? I can...；在一年级下册U10 Activities 学过了句型What can he/she do？He/She can...；在二年级上册U4 Can you swim？这个单元中学会了Can you...？Yes，I can./No，I can't.在二年级下册U3 Can you hear a train？这个单元中巩固了句型Can you...？Yes，I can./No，I can't.。因此，学生对本单元及整合改编后的文本学习应该没有什么难度。

这个年龄段的学生对超级英雄比较熟悉，也比较感兴趣，如Spider Man，Iron Man，Thor，Batman，Superman，因此利用这些超级英雄，让学生介绍这些超级英雄的超能力，巩固本节课所学的知识。学生比较愿意讨论感兴趣的话题。

三、教学目标

小学阶段英语课程的总体目标是以学生语言知识、语言技能、情感态度、学习策略和文化意识的发展为基础，培养学生的综合语言运用能力。基于此，笔者将本节课的教学目标设置为：

（1）学生能感知和运用单词jump，write，run，fast，draw，fly，掌握副词fast，high，well，quickly。

（2）学生能用 What can you do？I can...；Can you...？询问他人会做什么，并用 I can/ I can't...表达自己能做什么、不能做什么。

（3）学生通过阅读Supergirl的故事及聆听Kitty和Alice读完Supergirl故事后的对话，明白No one is perfect.的道理。

（4）学生能制作mini-book并介绍Superhero的才能。

四、教学思路

这个年龄阶段的学生学习更主动，能够对感兴趣的话题展开一定的讨论，能胜任更加复杂的学习任务。本节课的教学思路如下：①Kitty和Alice正在看Supergirl。Supergirl很厉害，会很多才能，如run fast，swim quickly，fly high，但是她cannot draw well。Kitty和Alice看完这本书后，将Supergirl的才能和自己的才能做对比，从而展开讨论：Supergirl can swim.Can you swim？...。②用表格的形式对比Supergirl，Kitty和Alice三人的才能，发现"Supergirl can swim quickly but Kitty cannot swim.Supergirl cannot draw well but Kitty can."从而得出情感上的升华——No one is perfect.。人无完人，我们应该取长补短。③让学生发表自己对Supergirl的看法，是否喜欢Supergirl及理由。④语言输出时，利用学生感兴趣的动漫人物，让学生模仿Supergirl，小组合作制作Spider Man，Iron Man，Thor，Batman，Superman的mini-book。

五、教学设计

教学过程环节表

教学过程——环节（1）	
教学内容	Sing a song & Free talk（Warming up & Lead in）
教学目标	1. 通过播放歌曲激活学生的背景知识，活跃课堂气氛 2. 通过师生问答，复习旧知，导入课题
核心问题	巩固What can you do? 这个核心句型
问题解决	<table><tr><td>问题情境</td><td>解决策略</td></tr><tr><td>1. Warming up 2. Free talk：What can you do?</td><td>1. 播放歌曲What can you do。第一遍，学生看着PPT上的歌词跟着学唱；第二遍播放没有歌词字幕的视频，学生边唱边跳。 2. 教师用歌曲的调子唱出来，向学生提问：What can you do? 生生问答：What can you do? I can...。</td></tr></table>

教学过程——环节（2）	
教学内容	学习课本（Presentation）
教学目标	读mini-book Supergirl；看Kitty和Alice读完故事书后的对话
核心问题	1. 读故事，掌握run fast，swim quickly，fly high，draw well的用法 2. 对比Supergirl，Kitty和Alice的才能，明白No one is perfect.的道理
问题解决	<table><tr><td>问题情境</td><td>解决策略</td></tr><tr><td>1.巩固句型 "Can you...? I can...." 2.导入Kitty和Alice正在读Supergirl。 3.让学生猜Supergirl的能力，发散学生的思维。</td><td>1. 通过师生问答，以及小组之间的问答，巩固所学句型Can you...? I can.... 并复习单词：draw，run，swim，jump，write。 2. 教师提问：Can you read? T：Kitty and Alice can read too.They are reading a mini-book.Its name is Supergirl.</td></tr></table>

续　表

	问题情境	解决策略
问题解决	4.听录音并回答，让学生学会使用副词修饰动词。如：run fast，swim quickly，fly high，draw well. 5.学生齐读*Supergirl*这本迷你书，巩固再构文本。 6.观看Kitty 和Alice 讨论Supergirl的对话视频，让学生对比三人的才艺差别，明白No one is perfect.。	3.教师让学生读图并猜测。 T：Can you guess what can she do? T：Can you guess what can't she do? 4.教师播放录音并让学生回答。 T：What can Supergirl do? What can't she do? 根据学生的回答，教师出示板书。 T：　　　　　⌈can run fast. Supergirl⟨swim quickly. 　　　　　⌊fly high. But she can't draw well. 教师提问： T：Can you run fast? Please show me. T：What can fly high? 5.学生齐读。 T：Let's read this mini-book together. 6.出示表格并提问： T：Can Supergirl run fast? Can she swim quickly? Can she...? T：What can Kitty do? Can she swim? T：What can Alice do? T：Supergirl can do many things but she can't draw well.Kitty can draw.No one is perfect.

教学过程——环节（3）

教学内容	对所学知识进行巩固练习（Consolidation & Practice）
教学目标	发表自己对于Supergirl看法；两人对话，就"能力"这一话题展开讨论；小组合作
核心问题	1.发表自己对于Supergirl的看法。 2.Pair work：让学生讨论Supergirl的才能，对比自己的才能。 3.Group work：小组合作，制作超级英雄的迷你书。

续 表

问题情境	解决策略
问题解决	1. 通过What do you think of Supergirl? 引发学生的思考。用I think Supergirl is_____，because she can_____这个句型，请学生发表自己对于Supergirl的看法。 2. 通过Pair work，学生讨论Supergirl的才能，对比自己的才能，对Supergirl进行评价。 3. 通过制作有关Spider Man，Iron Man，Thor，Batman，Superman的迷你书，学生巩固本节课的内容。 4. 展示迷你书，询问学生对书中人物的看法，培养学生的合作能力和思辨能力。	1. 教师启发学生思考。 T：Do you like Supergirl？What do you think of Supergirl？ S：I think she is cool because she can fly high. 2. 教师请一名学生进行对话示范，并让学生进行讨论。 T：Supergirl can... .Can you...? Do you like supergirl？ 3. 教师展示自己的迷你书，展示超级英雄——Spider Man，Iron Man，Thor，Batman，Superman，要求学生小组合作，制作迷你书。 4. 帮助学生展示作品；对学生提问： T：What do you think of Spider Man？ T：What do you think of Iron Man？ ……

六、教学实录

Ⅰ. Warming up & Lead in

T：（微笑着）Class begins.Good morning，boys and girls.

Ss：Good morning，Frances.

T：Let's enjoy and sing a song，OK？

（出示PPT，展示歌曲的歌词，播放音乐）

Ss：OK.（学生很开心，可以听英文歌曲）

（学生跟随音乐和歌词一起学着唱：Oh！I can walk，walk，walk. Oh！I can run，run，run. Oh！I can jump，jump，jump. Oh！What can you do？Oh！Walk，run，jump，swim，dance and sing. Oh！What can you do？Oh！I can swim，swim，swim.Oh！I can dance，dance，dance. Oh！I can sing，sing，sing. Oh！What can you do？Oh！Walk，run，jump，swim，dance and sing. Oh！What can you do？）

T：Now，all of you stand up. Let's sing and dance，OK？

Ss：OK.（学生站起来，舞动着，特别兴奋）

Oh！I can walk，walk，walk.Oh！I can run，run，run.Oh！I can jump，jump，jump.

Oh！What can you do？Oh！Walk，run，jump，swim，dance and sing.Oh！What can you do？Oh！I can swim，swim，swim.Oh！I can dance，dance，dance.Oh！I can sing，sing，sing.

Oh！What can you do？Oh！Walk，run，jump，swim，dance and sing.Oh！What can you do？（学生站起来，跟着没有字幕的视频一起唱，一起跳，用自己喜欢的方式演绎这首歌。）

T：Sit down，please.（用之前的歌曲的调子唱出来，向学生提问，复习之前学过的知识）What can you do？

S1：I can read.

T：（唱着提问）What can you do？

S2：I can run.

T：（唱着提问）What can you do？

S3：I can read.

T：Can you ask others？You can ask your friends."What can you do？"

S3：Kitty，What can you do？

S4：I can paint.

T：Ask others please.

S4：What can you do？（像教师一样，邀请另一名同学回答）

S5：I can swim.What can you do？（邀请同学回答）

S6：I can skating.（此处学生出错）

T：I can skating？（教师用疑问的语气重复错误的句子，学生刚开始没意识到错误，教师用更慢的语速重复了一遍错误）I can skating？

S6：I can skate.What can you do？（邀请同学回答）

S7：I can sing.

T：OK.（用手势示意同学们都坐下，播放下一张PPT，导入课题）Today we will learn "U2 Can you swim？".（教师粘贴板书：2.Can you swim？）

Ⅱ. Presentation

T：Can you swim?（邀请学生回答）

S1：Yes，I can.

S2：No，I can't.

T：（出示draw的图片，让学生向教师提问）Who want to ask me?

S3：Can you draw?

T：（摆摆手，表示很遗憾）No，I can't. Can you draw?

S4：Yes，I can.

T：Maybe you can teach me.（虚心向学生请教的语气）

T：（出示run的图片，让学生向教师提问）Ask me，please.

S5：Can you run?

T：Yes，I can run.

T：（出示PPT，让学生跟着老师一起说出这些问句）Can you draw? Can you run? Can you swim? Can you jump? Can you write? Now，let's talk these questions in your group.Can you...?

Ss：（小组内就这个Can you...? 的句型展开大概一分钟的讨论）

（教师邀请一个小组的成员，展示他们刚刚的讨论）

S1：Can you draw?（转向第二名小组成员，进行提问）

S2：Yes，I can. Can you skate?（回答，再向第三名小组成员提问）

S3：Yes，I can. Can you read?（回答，再向第四名小组成员提问）

S4：Yes，I can. Can you jump?（回答，再向第五名小组成员提问）

S5：Yes，I can. Can you play basketball?（回答，再转向第六名小组成员提问）

S6：Yes，I can. Can you swim?（回答，再向第一名小组成员提问）

S1：No，I can't.

T：OK. Thank you.Very good！You did very good job.

T：（出示Kitty and Alice 正在读*Supergirl*这本mini-book的图片）Can you read?

S1：Yes，I can.

T：Alice and Kitty can read too.They are reading a storybook.Its name is *Supergirl*.

What's the name of this storybook?

Ss：*Supergirl.*

T：（让学生看着mini-book的封面图片进行思考并猜测）Look at the picture.
What can she do？What can't she do？（粘贴板书：What can Supergirl do？）

S1：Maybe she can swim.

T：Yeah.Maybe.（邀请另一位学生）

S2：Maybe she can fly.

S3：Maybe can she singing.（此处学生出错）

T：Maybe she can....（纠正学生的错误）

S3：Maybe she can singing.（学生纠正了一个错误，但是这个句子还存在一个错误）

T：Maybe she can singing？（教师用疑问的语气重复错误的句子）

S3：（意识到口误，纠正错误）Maybe she can sing.

T：Can you guess what can't she do？

S1：Maybe she can't swim.

S2：Maybe she can't draw.

S3：Maybe she can't dance.

S4：Maybe she can't talk.

T：Let's listen and answer，OK？Please listen carefully.（播放音频）

（音频内容如下：Supergirl is great.She can do many things.She can run fast.
She can swim quickly.She can fly high.But Supergirl cannot draw well.）

T：What can she do？（向学生提问）You，please.

S1：She can run fast.

S2：She can swim.（此处学生没有用上副词）

T：She can swim，quickly or slowly？（教师用上动作，引导学生加上副词quickly）

S3：She can swim quickly.

S4：She can fly high.

T：What can't she do？

S5：She can't draw well.

（教师出示板书：run fast，swim quickly，fly high。一边粘贴板书，一边带读生词，学生跟读）

T：Can you run fast?

S1：Yes，I can.

T：Can you show me how fast?

S2：（学生展示自己跑得有多快）

T：Wow，so fast.（真诚地赞赏这个学生跑步如此快）

T：Who can swim quickly? Can you swim quickly?

S3：Yes，I can.

T：Can you show me how quickly?

S4：（学生展示自己游得有多快）

T：Can you fly high?

Ss：（大多数学生都回答No，只有一两名学生回答Yes）

T：Can we fly high?（教师惊讶地重复这个句子，强调fly这个词）I can't fly.Who can fly?（邀请那位回答Yes的学生站起来）Can you fly?

S5：Yes，I can.

T：Can you show us how to fly?

S5：（这名学生举高双手并跳起来）

T：（微笑着解释）This is jump.We can't fly.What can fly? What can fly high in the sky?

S1：A bird can fly high.

S2：A plane can fly high.

S3：A kite can fly high in the sky.

T：（出示板书：But she can't draw well.，教师带读draw well）Can you draw?

S1：Yes，I can.

T：Can you draw well?

S2：Yes，I can draw well.

（让学生跟着板书，跟读板书内容）

T：Let's read this mini-book together，OK?

Ss：（学生齐读这本mini-book）Supergirl is great.She can do many things.She can run fast.She can swim quickly.She can fly high.But Supergirl cannot draw well.

T：Kitty and Alice are talking about the Supergirl.Let's watch what they are talking about.

（教师播放Kitty and Alice对话的视频）

T：（出示PPT中的表格，对比Supergirl、Alice和Kitty的才能，提问）

T：Can Supergirl run fast?

Ss：Yes，she can.

T：Can Supergirl swim quickly?

Ss：Yes，she can.

T：Can she fly high?

Ss：Yes，she can.

T：Can Supergirl draw well?

Ss：No，she can't.

T：What can Kitty do?

S1：Kitty can draw well.

T：Can she swim quickly?

Ss：No，she can't.

T：What can Alice do?

S2：She can swim quickly.

T：Supergirl can run fast，swim quickly，fly high.But she can't draw well.Kitty can draw well but she can't swim.No one is perfect.（通过对比，使学生明白人无完人的道理，进行情感升华；让学生接受不完美的自己，也接受别人的不完美。）

图1 对比图

Ⅲ. Consolidation & Practice

T：Do you like Supergirl?

Ss：Yes. I do.

T：Why?

S1：Because Supergirl can do many things.

T：What do you think of Supergirl? I think Supergirl is...because she can... .Now, talk in groups.

（讨论时间结束，教师通过有节奏的拍掌，示意学生停下来。邀请学生回答这个问题）

S2：I think Supergirl is cool because she can fly high.

S3：I think Supergirl is so-so because she can run fast but she can't draw well.

S4：I think Supergirl is super because she can swim very fast.

S5：I think Supergirl is not good because she can't draw well.

T：Now, work in pairs.Who want to be my partner and make a dialogue.（教师邀请一名学生为搭档，展开对话。）

T：Supergirl can swim quickly.Can you swim?

S1：Yes, I can.Can you swim?

T：No, I can't.

S1：Do you like Supergirl?

T：Yes.I like Supergirl.I think Supergirl is great because she can do many things. What about you?

S1：I think Supergirl is wonderful because she can do many things.

（随后学生两人一组，展开讨论并进行展示）

S1：Supergirl can swim.Can you swim?

S2：No, I can't. Can you swim?

S1：Yes, I can.

S2：Do you like Supergirl?

S1：Yes.I do.I think Supergirl is super because she can do many things.What about you?

S2：I think Supergirl is great because she can fly.We all can't fly.

T：OK.Thank you.You are very good.I like Supergirl too so I make this mini-book about Supergirl.（展示自制的手工迷你书）Do you like this mini-book？ Let's make a mini-book about a super hero，OK？

T：（出示PPT）Do you know other heroes？ （展示蜘蛛侠的照片）Who is he？

Ss：Spider-Man.

［随后，出示雷神（Thor）、钢铁侠（Iron Man）、蝙蝠侠（Batman）和超人（Superman）的照片］Now let's make a mini-book.（每个小组挑选英雄，拿到制作mini-book所需要的材料。学生制作属于自己的mini-book）

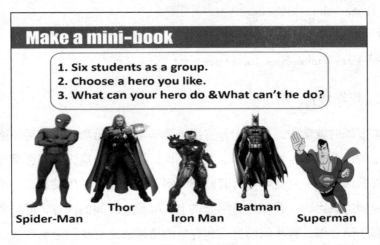

图2　教学材料图

T：Time is up.Which group want to show your mini-book？

（教师用投影仪一页页地展示学生作品，小组成员介绍自己的作品）

Ss：Iron Man.

S1：Iron Man can do many things.

S2：He can fly high.

S3：He can climb high.

S4：He can run fast.

S5：He can jump high.

S6：But he can't sing well.

Ss：No one is perfect.

T：Do you think they are great？

Ss：Yes.

T：I think they did very good job. Let's applaud for them.（鼓掌）

T：（拿着这一组制作的迷你书，问其他学生）Do you like Iron Man？Why？

S1：Yes，I do. Because he can do many things.

S2：Yes，I do. Because he is very cool.

S3：Yes，I do. Because he is very strong.

（五个小组逐一展示自己的作品。教师依旧拿着学生制作的迷你书，询问其他学生对这组学生介绍的超级英雄的看法。）

Ⅳ. Homework

（1）Read the text for three times.

（2）Make a mini-book about your hero.

七、教学反思

在本节课的教学中，笔者十分重视培养学生的英语语言综合运用能力，进行了大量的语言输入，注重培养学生听、说、读、写的能力。在课堂导入上，笔者播放歌曲，第一遍让学生看着歌词学唱，第二遍让学生站起来，跟着没有字幕的视频边唱边跳。在课堂组织形式上，有师生之间的问答，但更多的是生生问答和小组合作，将热闹的形式和有效的语言表达有机结合在一起。本堂课贯彻了以学生为中心的原则，尽可能让学生发挥主体作用，让学生在真实的语境中感知语言，表达自己的想法，让学生在课堂上卸下外在负担，感受快乐、轻松、民主的氛围。

回顾这堂课，笔者觉得有如下三点做得比较好：

（1）深挖教材文本，根据学生的学情，大胆对课文进行有效的整合改编，加入了副词fast，high，well，quickly的学习。整合改编后的文本更精准，大部分学生都会画画，大部分学生也都会跑步，因此笔者认为添加副词很有必要。基本上每名学生都可以说"I can run."或"I can draw."，但不是每名学生都可以说"I can run fast."或者"I can draw well."。

（2）在备课解读文本时，笔者发现Supergirl几乎就是全能的，但是在画画方面是很糟糕。Kitty 和Alice的对话看起来很简单，其实蕴含深意。为什么Kitty会问Alice "Supergirl can swim.Can you swim？"？那是因为Kitty自己不会游泳。她想了解Alice会不会游泳。得知Alice会游泳后，Kitty也不难过，因为她会画画，画画比Supergirl 画得好。我从简单的几句对话中提炼文本主旨，升华情感——No one is perfect.。

（3）利用学生喜欢的漫威英雄形象，让学生以小组合作的方式，制作mini-book。在这个环节，学生很兴奋，因为我引入了学生喜欢的超级英雄［蜘蛛侠（SpiderMan）、雷神（Thor）、钢铁侠（Iron Man）、蝙蝠侠（Batman）及超人（Superman）］。这一做法还能让学生巩固今天所学的知识，给学生提供愉悦的课堂氛围，让学生在玩中学、在学中玩。

本堂课教学美中不足的是笔者给学生准备的迷你书资料包中图片和词汇不够。学生无法充分利用英语表达自己的想法，例如：雷神（Thor）会打雷；蜘蛛侠（Spider Man）会发射蜘蛛丝……学生的语言输出没有达到预期效果。在情感升华上，笔者觉得自己讲得不够到位，应该继续上升：让学生明白每个人都不是完人，都有擅长的地方，也有不擅长的地方；要接受不完美的自己，也要接受不完美的他人；要发挥自己的长处，虚心向别人学习，取长补短。

附：

案例点评

深圳市莲南小学　李锦红

这堂课的教学设计新颖，教学思路清晰，活动形式多样。虽然本节课的课本文本对四年级的学生而言难度较小，但是吴超老师增加了难度和趣味性的设计，使学生学习这节课的兴趣十分浓厚，课堂氛围很愉快。这节课贯彻了以学生为中心的原则，发挥了学生的主体作用；教学方法灵活多变，训练方式多种多样，有师生之间的问答，还有生生问答和小组合作。吴超老师这节课的教态亲切自然，始终保持微笑，口语清晰流利，教学活动扎实有效，形式丰富多样，生动形象地突破了教学难点，注重学生听、说、读、写的能力培养，还渗透了情感教育。引人入胜的教学环节做到了让学生在玩中学、在学中玩。

这堂课有不少亮点：

（1）利用英文歌曲导入，复习旧知识，导入新知识。播放歌曲时，第一遍让学生看着歌词学唱，第二遍让学生站起来，跟着没有字幕的视频边唱边跳。这一做法很好，先让学生感知语言，再让学生参与活动，充分调动了学生的积极性。在教师的循循善诱下，学生输出的语言相当丰富。对于四年级的学生来讲，能够简单地表达自己对人物的看法及理由是很值得肯定的。

（2）注重学生综合能力的培养。本节课多次问及学生对事物的看法，学生并不仅仅简单地用yes和no来回答，这些开放性的问题培养了学生的思维品质。

（3）吴老师能够很好地整合文本，对于课本的内容进行改编，特别是巧妙地添加了副词的学习，使得文本更加完整，表达更加准确。在情感升华上，吴老师提炼文本内容，通过对比Alice，Kitty和Supergirl三人的才能，告诉学生"No one is perfect."的道理。情感升华自然，丝毫不生硬。

（4）吴老师让学生为自己喜欢的超级英雄制作迷你书，这个创意非常好，学生的输入语言很不错。各小组能够制作迷你书并展示出来，其他学生还能由此发表自己的看法。

本节课值得探讨的地方如下：

（1）课堂组织上还要更优化。在小组制作迷你书的环节中，吴老师只提供了五个素材袋，前面的小组可以选择自己喜欢的超级英雄，但是后面的小组没有选择的余地，学生有点不大乐意选剩下的超级英雄。

（2）学生在制作迷你书时，词汇量有点跟不上。比如"雷神Thor会打雷"，学生就不会表达。吴教师可以在给学生的资料包里加上words bank，为学生提供更多的词汇，让学生能够更好地制作迷你书。

音乐学科《瑶山乐》教学案例研究

深圳市莲南小学　王　誉

一、内容定位

《瑶山乐》是广东花城版小学音乐三年级下册第4课学习的歌曲，由《瑶族舞曲》的主题旋律填词而成。它是2/4拍的，一段体结构。歌曲的情绪欢快活泼，具有浓郁的瑶族音乐风格和特点。歌曲旋律流畅生动，具有一定的动感，生动地描绘了瑶族青年男女在节日夜晚欢歌曼舞的情景，表现了瑶族人民对幸福生活的赞美之情。

本课的核心问题是培养学生感受音乐、表现音乐、创造音乐的能力。

本课的学习重点是让学生能用欢快、优美的声音演唱歌曲，感受瑶族音乐风格。

本课的学习难点是让学生运用不同节奏创编出鼓谱，为歌曲伴奏。

二、学情分析

三年级学生经过一段时期的音乐课堂训练，已经初步具备了一定的音高概念，他们的音准、节奏以及对歌曲的接受能力和音乐表现能力都有所提高。学生好奇心较强，对音乐的学习积极性较高。在教学中，教师要不断创新，通过聆听、律动、创编和表演等形式让学生主动参与学习音乐，更好地感受音乐。教师要进一步加强学生在音乐感受力、表现力、创造力方面的训练，同时要提高学生对音乐三要素的掌握能力，使学生明白音准、节奏、情绪在音乐中的重要性。

三、教学目标

1. 情感目标

引导学生感受瑶族音乐风格，体验民族音乐的美。

2. 知识目标

让学生通过声势律动、演唱、小组创编和表演等活动，学唱歌曲《瑶山乐》。

3. 能力目标

培养学生的音乐创编能力、合作意识和团队精神。

四、教学思路

《义务教育小学音乐课程标准（2011年版）》提出"让学生在学中玩，在玩中学"，音乐教学须紧紧围绕音乐审美和情感体验开展，在潜移默化中培养学生美好的情操、健全的人格，为学生奠定终身喜爱音乐、学习音乐、享受音乐的良好基础。

在本课学习中，笔者将以学生为主体，以音乐为主线，以审美为核心，融会贯通"奥尔夫"教学法，引导学生学习歌曲《瑶山乐》并进行节奏创编，提高学生的音乐素养、音乐表现等综合能力，引导学生感受中华民族音乐的魅力。

五、教学设计

教学过程环节表

教学过程——环节（1）		
教学内容	"奥尔夫"声势律动	
教学目标	感受音乐	
核心问题	能通过拍打节奏、学跳瑶族舞蹈，感受并熟悉歌曲旋律	
	问题情境	解决策略
问题解决	1. 请你跟我这样拍 2. 请你跟我这样跳	1. 学生模仿教师拍打节奏 2. 学生模仿教师跳瑶族舞蹈
教学过程——环节（2）		
教学内容	学唱歌曲	
教学目标	表现音乐	
核心问题	能用欢快、优美的声音演唱歌曲	

续 表

	问题情境	解决策略
问题解决	1. 歌曲给我们带来了怎样的情绪体验？ 2. 歌曲中有没有难点？ 3. 在什么情况下你会很开心？ 4. 我们进行小组接龙比赛，看看谁唱得更好听。 5. 比比看，谁会边唱边跳？	1. 学生默唱，感受歌曲表现的情绪。 2. 学生跟着钢琴试唱，找出附点音符和难唱的乐句，再由教师进行示范教唱。 3. 学生畅所欲言，教师引导学生用欢快的情绪、优美的声音演唱歌曲。 4. 学生分组进行接龙演唱比赛，再一次表现音乐。 5. 学生用唱跳形式表现音乐，感受少数民族载歌载舞的场面。

教学过程——环节（2）

教学内容	创编鼓谱节奏
教学目标	创造音乐
核心问题	能创编2/4拍鼓谱节奏，为歌曲伴奏

	问题情境	解决策略
问题解决	1. 刚才我们的课堂气氛热闹吗？ 2. 同学们也来试一试，创编一条2/4拍的鼓谱节奏，为歌曲伴奏吧。 3. 哪一组创编得更好？ 4. 今天你学到了什么？	1. 为了让气氛更热闹一点，教师可展示创编的鼓谱节奏，为歌曲伴奏。 2. 学生分组进行节奏创编，同时教师进行巡视并给予引导。 3. 教师让学生自评，并鼓励学生。 4. 教师对课堂内容加以总结，希望学生今后更加热爱我国的民族音乐。

六、教学实录

师：（笑容满面）今天老师要换一种方式向同学们问好，仔细听（用非洲鼓敲2/4拍的鼓点节奏）。

（学生向教师投来期待的目光）

（教师在鼓点中问好，学生在鼓点中回答）

师：（微笑着）同学们好！（节奏型 ××× ×）

生：（开心地）王老师好！（节奏型 ××× ×）

师：蓝1组的同学挥挥手。

（蓝1组学生跟着鼓点节奏挥手）

师：绿2组的同学跺跺脚。

（绿2组学生跟着鼓点节奏跺脚）

师：黄1组的同学拍拍手。

（黄1组学生跟着鼓点节奏拍手）

师：红2组的同学拍拍腿。

（红2组学生跟着鼓点节奏拍腿）

师：同学们反应真快，真聪明！你们觉得这样的问好方式怎么样？

生：（声音洪亮）好玩，很开心。

师：其实刚才的问好方式是在一个固定的速度中进行的，不知道同学们可不可以按照固定的速度原地踏步呢？来，我们试一试。

（学生开心地把小腰板挺直，目不转睛地看着教师）

师：1212。（边拍鼓边说，并观察学生有没有跟着固定的速度原地踏步）

（学生听着鼓点节奏，1212左右脚原地踏步）

师：（微笑着）同学们的节奏感特别好，老师要和你们做一个游戏。请同学们仔细观察，在我们地板的周围，贴有不同颜色的圆点（学生激动并好奇地四处观望），我们的游戏规则是（颇神秘地说），我一喊开始，同学们就按照我的鼓点节拍，有节奏地、优雅地走到属于你自己小组颜色的圆点上（边说边做优雅的动作）。但是如果有两名同学是同一组的，同时走到一个圆点上，怎么办？（观察学生）

生：（争先恐后地回答）我们要互相礼让。

师：对，接下来我就看看哪个组是最文明、最懂得团结合作的。我喊开始后，会边拍边哼一段旋律。当旋律结束时，你们就要走到属于你们自己小组的圆点上。准备——（拿出非洲鼓）

（学生侧着小脑袋认真听，并摆好走路动作，做好准备）

师：123，开始！（边打固定节拍边用"啦"哼唱《瑶山乐》歌曲旋律）

（学生按照固定节拍走到自己小组的圆点上，有的像小熊一样走，有的像舞蹈家一样优雅地走。在老师哼唱结束前，全部学生都走到圆点上并随音乐摆动身体）

师：同学们真聪明，我要表扬绿1组的同学（学生露出自信的表情），他们很有节奏感，奖励一个音符（贴黑板）。我还要表扬黄2组的同学（学生笑得美美的），他们很优雅，也奖励一个音符（贴黑板）。

（其他学生向这两个组的学生投去了羡慕的目光）

师：请同学们原地坐下。（双手向下挥动，示意学生坐下）

（学生围成一个大圆圈原地坐下）

师：（观察学生坐好后，亲切地说）请你跟我这样拍。

生：（声音洪亮）我就跟你这样拍。

（教师第1遍边拍节奏 × × × 边用"啦"轻唱《瑶山乐》歌曲旋律）

（学生很投入地边听边模仿教师拍节奏）

（教师第2遍边拍节奏 × × × 边轻唱《瑶山乐》歌谱）

（学生边听边晃动身体，模仿教师拍身体不同部位）

师：同学们的记忆力真好，我要加大难度，考考你们的反应能力。全体起立。（给手势示意学生起立）

（学生高兴地点点头，原地起立）

师：（观察学生站好后，温柔地说）请你跟我这样做。

生：（声音洪亮）我就跟你这样做。

（教师第1遍一边用"啦"轻唱《瑶山乐》歌曲旋律，一边教学生跳瑶族舞蹈的简单动作）

（女生准确、优美地跳，男生有些不好意思，但也腼腆地跳完）

（教师第2遍一边轻唱《瑶山乐》歌谱，一边教学生跳瑶族舞蹈的简单动作）

（全部学生已学会歌曲和动作）

师：你们真棒，给每位同学一个大大的赞。（竖起大拇指）

（学生得到教师表扬，显得更加自信）

师：请同学们听着老师的鼓点，按节奏回到你们的座位上坐好。（拿起非洲鼓准备）

（学生开心地准备着）

师：123，开始！（边拍固定节拍边观察学生走回座位的情况）

（学生动作准确，自信地回到座位上坐好）

师：（等学生坐好）刚才同学们听到的旋律是我们今天要学习的我国少数民族瑶族歌曲《瑶山乐》（出示课题）。（绘声绘色地介绍瑶族，学生边看图片边聚精会神地听）瑶族是一个很古老的山地民族，长鼓是他们非常有特色的乐器。瑶族有一个盛大的节日叫盘王节，每当这个节日到来的时候，瑶族人民会穿着盛装，相聚在月光下，围着篝火唱歌跳舞，祈祷幸福和快乐。请同学们聆听一遍音乐，想一想这首歌给你带来了怎样的情绪体验。（播放音乐，在一旁细心观察学生的反应）

（学生带着问题认真地听一遍音乐）

生：（一名女生自信地回答）音乐给我带来了欢快的情绪，能感觉到他们很热情。

生：（一名男生小声地回答）歌曲很欢快也很优美。

师：（板书：欢快、热闹、开心、活泼）（给学生肯定的笑容）你们回答得真棒！接下来我们默唱一遍歌曲，找一找歌曲中有没有难唱的乐句，需要老师帮你解决。请听——（播放歌曲）

（学生认真默唱）

生：（一女生疑惑地回答）第二段歌词"篝火熊熊烧"不知道怎么唱？

师：观察得很仔细。（教师轻唱示范）

生：（一男生着急地举手）第4乐句有点难。

师：请大家一起跟随老师的琴声，学唱第4乐句。（弹钢琴）

（学生齐唱两遍）

师：同学们还有没有觉得难唱的乐句？

生：（一名男生大声地回答）第3乐句。

师：请全体同学一起唱第3乐句，帮他解决难点。

（学生准确地演唱出第3乐句）

师：现在我们从头开始，把第一段歌词完整地演唱一遍。（仔细听学生有没有唱错的地方）

（学生准确地演唱第一段歌词）

师：我们再试着把第二段歌词唱一遍。（再细听学生有没有唱错的地方）

（学生准确地演唱第二段歌词）

师：我们试着用刚才你们所说的愉快的情绪，把歌曲完整地唱一遍。

（学生随音乐晃动身体，优美地演唱）

师：王老师弹的《瑶山乐》歌曲和你们刚才听到的《瑶山乐》音乐有什么

不同？

生：（一名男生自信地回答）王老师弹的歌曲的速度慢，播放的音乐的速度稍快。

师：你回答得真好！（向他微笑点头）速度（加重语气）是重要的音乐要素，不同的速度会给音乐带来不同的情绪和效果。我们现在将歌曲的速度恢复到原速、体验一下歌曲情绪。

（学生欢快地演唱歌曲）

师：（进行情绪启发）平时你们在什么情况下会很开心？

生：（争先恐后地回答）旅游的时候，跟同学一起玩的时候，妈妈给我买玩具的时候……

师：（开心地说）现在请同学们带着这种情绪，再来演唱一遍歌曲。

（学生准确地表达出歌曲的情绪）

师：我要把掌声送给你们（鼓掌）。接下来，我们来玩一个接龙演唱游戏，请蓝1组、蓝2组同学演唱第1乐句，黄1组、黄2组同学演唱第2乐句，以此类推，绿1组、绿2组演唱第3乐句，红1组、红2组演唱第4乐句。

（学生非常认真地接龙演唱，并能分辨出哪一组唱得更好）

师：请问哪一组的同学唱得更好？

生：（一名男生高高地举起手）红1组、红2组，因为他们很自信，唱得很准确，情绪很棒！

师：我也认为红1组、红2组演唱得很好，奖励红1组、红2组（贴音符）。瑶族是一个热情的民族，现在我们就来体验一下他们载歌载舞的热情、欢快吧！请同学们加入之前所学的简单的舞蹈动作，边唱边跳。

（学生起立，做好准备）

师：歌曲前两句只唱不做动作，后两句可加入舞蹈动作。（为后面创编鼓谱节奏铺垫）

（学生边唱边加入身体律动和舞蹈动作，体验歌曲欢快的情绪）

师：（赞许地微笑）很好！大家请坐。同学们觉得刚才我们的氛围欢快吗？

生：（异口同声）欢快！

师：（调皮的语气）可是老师觉得欢快感不够，还可以再热闹一点。接下来我们进行节奏创编游戏。我们分为8个小组，每个小组创编一条属于自己的节奏，可以使用道具，比如说（边说边示范）拍身体、拍凳子（学生立即尝试拍一拍）。我来喊开始，听到鼓声后大家结束创编并坐到位置上。最后请每个小组展示自已的节奏。

（学生已经迫不及待了）

师：（大声说）节奏创编大赛，现在开始！

（学生分组进行创编，有的拍凳子发出不同的声音，有的利用身体制造声响）

师：（了解学生的创编情况，给予指导。观察到学生都已创编好之后，拍响鼓声）请同学们停下来。

（学生听到鼓声后，自觉地坐到座位上等待展示）

师：（满意地说）刚才老师看了一下，同学们使用的方法很多，节奏创编得很棒。现在哪个组先来展示？

（学生不约而同地举手，都想要展示）

师：我们先请蓝1组、蓝2组同时展示，其他组的同学面向他们，看看谁是文明的小听众？

（其他组学生非常有礼貌地安静观看）

师：看完告诉王老师，哪个组创编得更好？为什么？（边拍固定鼓点节奏边哼唱旋律）

（蓝1组、蓝2组学生听着固定鼓点节奏进行节奏展示）

师：（微笑地说）请问哪个组创编得更好？

生：（一名女生温柔地回答）蓝2组，因为他们的展示很有节奏感，很整齐。

师：给蓝2组奖励音符（贴音符）。接下来请黄1组、黄2组同学展示。

（学生认真观看）

师：哪个组创编得更好？

生：（一名女生大声地回答）黄2组，因为很整齐。

生：（一名男生着急地回答）很有特色。

师：你们有没有观察到？黄2组同学除了拍凳子以外，还有两名同学用了不同的声势律动，一个加入跺脚，一个在凳子上进行摩擦制造声响。表扬黄2组，很有创意！（奖励音符）

（全班掌声响起，学生发出惊叹声）

（以此类推，绿1组、绿2组，红1组、红2组都进行了节奏创编展示，其他学生也做了准确的评价）

师：蓝2组、黄2组、绿1组和红1组的同学在这次节奏创编中获胜，你们将得到老师分发的乐器，为歌曲伴奏。请4个小组的组长到老师这里挑选乐器。

（教师已将三角铁、碰铃、木质沙锤、响棒提前放到四种颜色的盒子里，这4个小组的组长在对应自己组颜色的盒子里选取乐器）。

师：（营造围着篝火的氛围）没有乐器的同学，请你们听着固定的鼓点节奏，走到刚才自己小组的圆点上，有乐器的同学原地不动。121，开始！（拍鼓点节奏）。

（没有乐器的学生走到圆点上站着，围成大圈）

师：站着的同学边唱边跳，有乐器的同学为歌曲伴奏，我们来体验一下瑶族人民载歌载舞热闹欢快的场面。（放音乐）

（学生很投入地演唱、跳舞、伴奏，场面很热闹）

师：现在我们进行互换，刚才使用过乐器的同学，请你把乐器放在凳子上，跟随固定鼓点节奏走到自己组的圆点上站好；刚才没有用过乐器的同学，同样请你们跟随固定鼓点节奏，走到自己组的凳子旁，拿好乐器，准备为歌曲伴奏。121，开始！（拍鼓点节奏）

（学生开心地跟着鼓点节奏走到相应的位置上互换）

师：我们再一起感受欢快的场面。

（学生对歌曲情绪的把握比刚才更准确，演唱得更加自信，舞蹈跳得更棒，乐器伴奏也有强有弱）

师：（让学生围成大圈，进行总结）请乐器组的同学把乐器放好，跟随固定鼓点节奏走到自己组的圆点上。121，开始！

（乐器组学生有节奏地走到自己组的圆点上）

师：请同学们原地坐下（挥手示意）。

（学生围成一个大圈原地坐下）

师：同学们，时间过得真快，这节课马上就要结束了，你们学到了什么？

生：（一名男生大声地回答）学会演唱瑶族歌曲《瑶山乐》。

师：（微笑）给你印象最深的是什么？

生：（一名男生害羞地回答）感受到了瑶族人民欢快的场面。

生：（一名女生自信地回答）我们还学会了创编节奏为歌曲伴奏。

师：（给发言的学生一个拥抱，摸摸他们的头，给予肯定）回答得真好！看来这节课，同学们收获满满。（微笑地说）不过，老师要告诉同学们，瑶族有如此丰富的文化特色，说明中华民族的文化博大精深。（学生聚精会神地听着）音乐跨越了民族，跨越了国界，以自己独特的语言来感染着我们，希望同学们今后更加热爱音乐，热爱我们的民族音乐，为我国有这么优秀的民族音乐感到自豪！

（学生鼓掌）

师：今天这节课就结束了。下课，同学们再见！

生：老师再见！（开心地哼着歌曲走出教室）

七、教学反思

在这节课中，笔者始终以音乐为主线，以情感审美为核心，用少数民族音乐独特的节奏导入，运用"奥尔夫"教学进行声势律动，各教学环节都突出了以音乐美感染学生的教学思想，让学生体验到节奏韵律与肢体结合的快乐；通过舞蹈动作与音乐的结合，让学生感受歌舞交融的美；通过有感情地演唱歌曲，让学生感受瑶族音乐风格的美。整个歌曲教学过程都力争为学生营造一个轻松、活泼的课堂环境，力求让学生在感受音乐、体验音乐、展示音乐的同时完成对音乐知识的学习。笔者还特别注意以下三点：

（1）以学生为本，突出学生的主体地位。笔者以丰富多彩的教学内容和生动活泼的教学形式，激发和培养学生的学习兴趣，创设平等、和谐的教学氛围，引导学生自主探索、亲身体验，尊重学生以独特方式学习音乐、享受音乐。整堂课中，学生情绪热烈，思维活泼，积极主动。

（2）重视音乐实践，鼓励学生创造。笔者采用启发式的教学，让学生通过小组合作进行节奏创编，使学生的想象力和创造性思维得到充分的发挥，鼓励学生运用不同的音乐形式表达情感，给予学生以自己独特的方式感受音乐、表现音乐的机会；鼓励学生积极表现自我，重视学生在实践过程中的点滴创造，激发学生不断创新的欲望，培养学生良好的合作意识和团队精神，让学生成为表现音乐的主人。

（3）音乐教学应该是师生共同体验、发现、创造、表现和享受音乐美的过程。在课堂教学中，笔者激发学生的学习主动性，调动学生的积极性，提高学生的学习兴趣，引导他们聆听、欣赏和感受乐曲的内涵美，并达到感情上的升华，进而理解生活、热爱生活，创造出崭新的世界。

附：

案例点评

深圳市罗湖区教育科学研究院音乐教研员　张　梅

王誉老师执教的课程《瑶山乐》充分渗透了新课标的教学理念，其教学目标清晰，教学方法合理，教学用语恰到好处，教学过程层层递进、环环相扣，对重点和难点乐句的分析和引导既到位又巧妙，学习效果突出，是一节优质的音乐课。

在整个教学过程中，王誉老师坚持以音乐审美为核心，以兴趣为动力，结合运用模奏、创编、小组合作、体态律动和情景创设等多种方法及丰富的视听素材，引导学生多维度地感受音乐、体验音乐和表达音乐。整节课以《瑶山乐》的旋律为主导，王誉老师引导学生从乐曲欣赏、律动感受、歌曲学唱等方面进行深入浅出的学习，让学生充分感受到了《瑶山乐》这首乐曲的美好。值得一提的是，在拓展教学部分，王誉老师引导学生通过小组合作的方式，进行自主探索和自由发挥，用身边一切可以利用的资源为歌曲进行节奏创编，充分体现了学生在课堂的主导地位，激发了学生对艺术创造的兴趣。

（本课例为2019年"千课万人"广州、深圳、珠海小学名校"八大文化探寻"综合考察活动中的展示课例，受到一致好评。该录像课例被评为教育部"一师一优课、一课一名师"活动"优课"）

美术学科《船儿漂漂》教学案例研究

深圳市莲南小学　郭晓瑶

一、内容定位

《船儿漂漂》是岭南版小学美术二年级上册第五单元第19课的内容。通过本节课的学习，学生掌握用多种材料设计、制作小船的方法，学会"变废为宝"，体验综合探究的学习乐趣。本节课通过感知、了解小船的特点、漂浮的原理，设计、制作和装饰小船的系列内容，锻炼学生的动手能力，培养学生的探究精神、设计意识和审美能力。在游戏和制作的过程中，学生利用多种材料，运用多种方法，掌握平面与立体的造型技能。学生在实践中拓展了形象思维和发散思维，提高了创新意识，以及发现问题、分析问题和解决问题的能力。同时，学生尝试用不同的材料装饰纸船，可以拓展自己的想象，产生探索、创新的欲望，最终完成有创新意识的作品，体验探究创新所带来的愉悦感与成就感。

本课的核心问题是如何通过多种材料，运用多种方法对小船进行改造和装饰。

本课的学习重点是探究设计小船多种造型的方法及步骤。

本课的学习难点是用不同材料装饰小船的创意。

二、学情分析

二年级学生经过一年多的学习，对美术有了一定程度的认识，知道美术不仅是画画，还包括制作、欣赏等。这个阶段的学生有较好的动手能力，在折、剪、造型等方面也有一定的基础，对造型与游戏为一体的美术活动比较感兴趣。经过前一阶段的学习，学生对本单元的内容有较清晰的理解，也有一定实际操作的能力。本课对动手操作能力有较高的要求，需要学生在此基础上进行合作、探究、创新，这就要求教师对制作的演示与辅导环节做好充分准备，采用多样、灵活的教学形式，充分调动学生学习的积极性，使他们在生动、活泼、轻松的氛围中，大胆地进行艺术表现和创造。

三、教学目标

1. 知识与技能

掌握多种纸船的折法，用多种材料和方法设计、制作和装饰小船。

2. 过程与方法

学习装饰的技巧和方法，提高学生的动手能力、思维能力和创新能力。

3. 情感、态度、价值观

让学生通过多种方式方法装饰纸船，锻炼学生独立操作能力，感受手工造型的乐趣。

四、教学思路

本课的内容包括设计运用和综合探索两大学习领域，旨在以纸材为主要造型媒材，让学生体验设计、创造的乐趣。教师通过多种方式对已折好的小船进行变形改造，运用多种材料对小船进行装饰，让学生感受平面纸材通过折叠变成立体（改变了外形构造），经过装饰、美化，塑造出各种各样丰富多彩、形态各异的小船，从中产生发现美、创造美、欣赏美的体验。

本课通过组织学生课前收集资料，课上欣赏探究，独立动手制作，交流、分享、评述等一系列教学活动实现教学目的；通过小组合作、自主探究、实践操作、欣赏讨论等多种学习方法帮学生完成学习任务。

五、教学设计

教学过程环节表

教学过程——环节（1）	
教学内容	用折纸及添加的方法改造已折好的纸船的外形，将其变成各种不同造型的小船
教学目标	初步了解纸船的造型与设计的关系
核心问题	提高学生的动手能力，感受折纸变化的乐趣

续 表

	问题情境	解决策略
问题解决	1. 在制作纸船的过程中，同学们运用的主要方法是什么？ 2. 可以给小船添加什么，让它变成不同种类的小船呢？ 3. 同学们可以用什么方法让小船变一变呢？ 4. 除了用折的方法，还能用什么方法改变小船的造型？	1. 学生共同欣赏上节课所折纸船，观察折好的小船，分析其造型特点，总结制作小船的主要方法。 2. 学生看图，教师引导学生思考：还可以把纸船改造成什么类型的小船？学生自主尝试改变小船造型。 3. 教师示范用折纸的方法改变小船造型，学生模仿教师的做法，同时思考还可以用什么方法改变小船造型。小组讨论，商讨解决的办法。 4. 学生自主尝试，用其他方法改变小纸船的造型，在探究中发现纸船的新造型。 5. 教师示范：用添加法改变小船的造型，引导学生操作。

教学过程——环节（2）

教学内容	学习装饰小纸船
教学目标	运用多种材料与多种方法制作小船
核心问题	用多种材料和方法改变、装饰小船，制作一个与众不同的小船

	问题情境	解决策略
问题解决	1. 教师的小纸船用了哪些装饰方法？给小船添加了什么？ 2. 教师还给小船画了什么？绘画三大元素是什么？ 3. 同学们还可以用什么材料装饰、改造你的小船呢？	1. 教师拿出示范作品，让学生观察，分析教师用了什么方法装饰小纸船。 2. 学生介绍教师所用的方法。教师根据学生的回答归纳、总结，进一步讲解、示范并板书装饰方法（剪、贴）。 3. 教师引导学生继续观察并思考教师的小船花纹是用了什么装饰方法。板书装饰方法（画——点、线、面）。 4. 学生掌握了小船装饰的方法后，教师引出课题，板书课题——船儿漂漂。 5. 教师引导学生认识各种不同的材料，运用已准备的材料进行装饰。 6. 学生介绍自己装饰小船所用的材料和方法。

续 表

教学过程——环节（3）	
教学内容	作业环节，学生自主改造、装饰小纸船
教学目标	对小船进行简单组合和装饰
核心问题	鼓励学生动手操作，培养学生的动手能力，使学生体验使用多种材料进行奇特设计的乐趣

	问题情境	解决策略
问题解决	1. 同学们，如何运用桌面上现有的材料，在改变好造型的小船上进行装饰呢？ 2. 如何装饰小船才能与众不同呢？大家来一场"船儿漂漂"的嘉年华吧。	1. 教师鼓励学生大胆尝试用多种方法、多种材料改造和装饰小船。 2. 学生运用已准备的材料，自主选择，完成对小船的装饰。创作过程中学生可以相互探究装饰小船的方法。 3. 教师在巡视中给予学生指导，解决学生在制作中遇到的问题。

教学过程——环节（4）	
教学内容	评价、展示作品
教学目标	欣赏学生已完成的作品，培养学生们的审美情趣，提高学生的语言表达能力
核心问题	引导学生自我评价，培养学生欣赏、评价的能力

	问题情境	解决策略
问题解决	1. 你可以从造型、色彩、材料等方面介绍自己的小船吗？ 2. 请同学们想一想：除了用纸制作小船，还可以用什么材料制作小船呢？	1. 教师出示做好的海浪，作为展示学生作品的展板。 2. 完成创作的学生，按先后顺序，把自己的小船贴到展板上。教师选择有代表性的作品，邀请学生展示并介绍自己的作品，欣赏、评价其他学生的作品。 3. 教师总结、评价，并延伸教学内容，引导学生思考：除了用纸制作小船，还可以用什么材料制作小船？

六、教学实录

（课前准备好上课的工具、材料和PPT）

师：（微笑地）同学们请回忆上节课内容，在制作纸船的过程中，同学们运用的主要方法是什么？

（教师走到学生身边，巡视桌面上的纸船）

生：折。（学生争先恐后地展示自己所折的纸船）

师：（点头表示赞许）很好。同学们通过上节课的学习，都有了一艘属于自己的漂亮纸船，但是这艘船算制作完了吗？（稍作停顿，以便引起学生的思考）那么，我们还可以改造它吗？（教师出示上节课折好的双体船）

生：可以。（声音洪亮）

师：那么，我们用什么方法改造它呢？（手拿一名学生的小纸船）

生：不知道。（七嘴八舌、大笑）

师：上节课同学们看到了很多种类的船，有帆船、轮船、航空母舰，我们怎么让手里的小纸船造型变一变，让它变成不同种类的小船呢？或者让它变得更漂亮呢？大家想一想，可以给小船添加点什么呢？

生：船帆、船桨、桅杆……（争先恐后地回答，答案很多）

师：请同学们自己尝试用折的方法改造一下手里的小船。

（学生自主改造小船，向同学们展示）

师：同学们运用自己的方法对小船造型进行了改造，老师也有非常简单的折纸办法改造小船的造型——给小船添加同学们刚刚提到的船帆。（教师边讲边示范如何把双体小纸船变成有帆的小纸船）现在老师开始变戏法了，立起小船的一个角，另外一个角折上来。这样，老师就把一艘双体船变成了一艘小帆船。（学生发出赞叹的声音）现在请你尝试用老师的方法做一下吧。

（学生跃跃欲试，开始操作，教师在学生中巡视）

师：只有这一种方法变成帆船吗？现在老师希望同学们用其他方法把折好的小船变一变，变成各种不同种类的船，那么怎么变呢？

（学生踊跃举手）

生：添加船篷。（出示自己用纸做的圆顶船篷）

师：（走到这名学生面前）请这名同学展示一下你的作品，告诉大家你是用什么方法改造小船的。

生：（大声地）把大小合适的长方形纸剪下来，双面胶贴两边，再贴到小船内侧。

师：是贴到小船两边的内侧吗？

生：（得意）是的。

师：（举起学生的作品）这名同学用了添加另外一张纸、再粘贴上去的方法，让小船有了变化，把双体船变成了有篷的小渔船。非常好，那请同学们总结一下这名同学具体用了什么方法来改变小船。

生：（纷纷地）粘贴的方法。

师：同学们有其他改造小船的方法吗？

生：（举起自己的小船）我给它添加桅杆。

师：（微笑地赞许）非常好，老师把身边最容易得到的材料纸卷成一根纸棍子，再把另外一张纸的两边用铅笔戳两个小洞，把纸棍子穿过小洞，这样就做好了可以让小船扬帆启航的船帆。船帆还可以继续添加，从大到小，添加一两个甚至更多的船帆，使这艘帆船更加美观，让你的小船在造型上与众不同。

（教师边说边示范，学生得到启发，然后进一步操作）

师：除了这几名同学的方法，你们还有别的方法吗？请同学们一起动手改造你的小船，让你的小船变个形吧！想一想：除了折的方法，还能用什么更好的办法吗？现在就开始吧。

（学生操作，教师在一边巡视、提示、辅导）

师：（出示做好的小船）现在请同学们观察老师制作的小船，看看有没有用到同学们想到的方法。

生：有。（齐声回答）

师：请问同学们，老师运用了什么方法？又添加了什么？

（学生踊跃举手）

生：加了船篷，还有小旗帜。（声音响亮）

师：具体是什么方法呢？

生：用贴的方法添加了船篷和小旗帜。（抢着回答）

师：除了贴，请仔细观察老师的小旗是用什么方法安装上去的。

生：（有所发现地）剪，老师的小旗是剪完之后贴的，所以这一步是用了剪的方法。

师：同学们回答得非常完整，在制作这艘小船的过程中，老师确实用到了剪、贴的方法，让小船在造型上变得丰富、与众不同。

（教师板书：制作方法——剪、贴）

师：请同学们再仔细观察老师的小船上还有什么。

生：还有海浪，画上去的海浪花纹，还有画上去的救生圈。（几名同学争着回答）

生：可以画上去。

师：画什么呢？请完整回答。

生：可以画上花纹。（声音响亮）

师：是的，老师用了同学们找到的画的方法，添加上了海浪的花纹。海浪的花纹是什么形状的呢？（老师指向范画中的花纹）

生：是线条的形状。（大声抢答）

师：是的，老师的海浪花纹里面除了用到线条，还用到了什么呢？（教师微笑）

生：还用到了点状的花纹。（大声抢答）

师：是的，老师画的花纹里面用到了我们绘画中经常运用的三大元素，它们是——（故意拖长声音，等同学们观察、反应、回答）。

生：老师的花纹用到了点、线、面三大绘画元素。

师：（教师竖起大拇指）真棒！同学们观察得很仔细，所以，同学们在给小船变一变的过程中，除了剪、贴，还可以用绘画的方法装饰小船。（板书制作方法：画——点、线、面）画的时候运用了点、线、面，让普通的折纸小船焕然一新，我们就得到了一艘新的小船。我们一起画一画吧！（教师微笑）这就是本节课我们要学习的内容——船儿漂漂。

（教师转身，板书课题）

师：同学们用了这么多的方法，让我们的小船变得更美观了。那么，除了以上的方法，老师觉得我们的小船还可以继续改造，因为同学们桌子上有非常多的装饰材料。（拿起一名学生书桌上的彩色扭扭棒，进行示范）现在老师就用彩色的扭扭棒把刚刚的桅杆卷一下，你们看，小船又发生了什么变化？

生：桅杆看起来亮晶晶的，更漂亮。

师：是的，这个普通的桅杆是不是多了几分节日的气氛，看起来更丰富了，就像我们平时在节日里装饰我们的房间一样？你们还有什么材料可以用来装饰小船呢？

生：老师，我有羽毛。

生：我有闪闪的贴纸。

生：我有彩带。

（学生争先恐后地回答）

师：（拿起学生准备的羽毛，插在小船的尾部）你们看，这又是一艘别致的小船。老师看到你们的贴纸了，这名同学的贴纸是一朵小花。同学们，可以把小花贴到船的什么部位上呢？

生：船身上。

生：船帆上。

师：老师用其他材料改造、装饰了一艘小船，请看黑板。请一名同学来总结一下老师用了什么材料和方法改造并装饰折纸小船的。

（教师出示示范小船）

生：老师用贴的方法添加了彩带，剪了小旗帜贴上去，还画了很多花纹。

师：现在同学们对小船的变形和装饰有了初步的认识和了解。装饰小船的方法真的很多，同学们桌面上的装饰材料也很多。接下来，老师就和同学们一起运用你们桌面上现有的材料，在改变了造型的小船上进行装饰，看看在装饰小船的过程中，谁用的材料最多，谁用的方法最好，谁的小船更漂亮。我们一起来一场"船儿漂漂"的展示嘉年华吧。

（学生开始制作，教师在巡视过程中，把准备好的一些材料发给课堂上有秩序的小组，鼓励其他小组注意课堂的纪律和秩序。教师指导个别学生使用部分材料的方法）

师：同学们，你们手上的彩带应该怎么用呢？（稍作停顿，等待学生思考，然后做示范），可以把几条彩带一起贴在扭扭棒上面，这样它就变成了另外一种船帆，还可以把彩带贴到小船的后面，像漂亮的尾巴（教师示范彩带装饰小船）。

（在学生制作过程中，教师按照小组的数量把海浪贴纸贴到黑板上，作为展示作品的展台）

师：老师把每个小组的海浪贴到黑板上，做好小船的同学就可以把你们组的小船贴到海浪上了。下课前，看一看哪个小组海浪上的小船更多、更有创意、更漂亮。

（教师在巡视过程中协助学生完成作品）

（学生认真地制作，然后争先恐后地把完成的作品交给教师。教师把作品

逐个贴到海浪展板上，直到大部分学生完成作品）

师：现在请展示完作品的同学回到座位，我们一起欣赏一下同学们今天的作品。同学们做的小船各有特色，真是一场盛大的帆船嘉年华展演啊！现在请几名同学介绍自己的小船。

生：我做的是小帆船，用了贴纸装饰船体，还添加了彩带，画了花纹。（表情很得意）

生：我做的是小快艇，后面加了彩带，在快艇行驶的时候彩带可以飘起来。（面带微笑）

生：我做的是轮船，我还做了救生圈，窗户是画上去的。

生：我做的是海盗船，这个是海盗船的桅杆，还画了海盗的标志。

（其他学生哈哈大笑）

生：我做的是救生艇，上面有很多大小的贴纸，可以起到警示的作用。

（学生都争先恐后地展示自己的小船，课堂气氛活跃）

师：今天，同学们运用了不同的材料改造了小船，每艘小船都有自己的特点和用途，相信同学们在今天的学习中一定收获了很多改造和装饰物品的方法。这节课就上到这里，我们下节课再见。下课！

（学生起立）

生：谢谢老师，老师再见！

七、教学反思

二年级学生对手工课的兴趣十分浓厚，尤其对手工折纸很感兴趣。通过折纸船的教学，学生掌握了简单的造型技能，提高了审美能力。我从简单的折纸船的方法开始，循序渐进地引导学生改变小船的造型，装饰小船的外形，让每名学生都可以用不同的方式改造、装饰小船。如何让学生初步体验设计的乐趣，是本课的重点。我引导学生自主探究、发现问题、讨论分析并解决问题，让学生通过自我发现、自我探究的学习方法，很好地掌握了改造、装饰小船的技巧。学生在本课学习中掌握了多种改造、装饰的方法，设计能力和审美情趣得到提高。学生对多种材料装饰也产生了浓厚的兴趣，所以展示的作品也很多样化。

本节课笔者设计的重点是制作、装饰，却忽略了评价这一环节。虽然在展示部分设计了美观的展板，但是评价环节进行得过于仓促。由于学生作品太

多，而且在展示、评价环节，学生争先恐后地要上台，致使笔者忽略了课堂秩序的掌控，很多优秀作品没有得到展示。本节课给笔者留下的思考是如何能照顾到每名学生，让每名学生都能得到展示自己的机会，从而让课堂更加完整和完美。

附：

案例点评

深圳市罗湖区教育科学研究院美术教研员　　王　婧

郭老师执教的《船儿漂漂》一课属于设计应用的学习领域，内容和形式贴近儿童生活，符合儿童心理。从课堂教学来看，教师通过灵活多样的方法来指导学生积极参与活动，能很好地把握住教材，引导学生仔细观察，感受利用各种材料和多种方法制作小船所带来的美感，学习制作方法，培养动手能力，教学目标明确。

郭老师整堂课的结构分如下几个板块来完成：①创设情境，教师引导学生思考用什么方法改造小纸船。教师采用全程探究教学法，让学生自己发现小船如何改造，再启发、示范。②欣赏范例。学生通过自主发现改造小船的方法观察教师的作品，找出特点，总结方法。③探究方法，教师让学生根据已有的经验说说如何改造、装饰小船。教师先提出要求，展示用另外材料装饰的小船，引导学生思考、解决问题。④展示欣赏。师生先展示、欣赏完成的作品，总结作品的优缺点，教师再进一步拓展本课内容。

郭老师在指导学生制作方法的同时让学生欣赏示范作品，并让学生自己思考分析，获得制作方法，了解所需的材料；再引出课题，激发学生的兴趣，营造了一个轻松、和谐的学习氛围。

课改中非常强调学生在学习过程中的主体地位，我们教育的对象是有思想、有意识、有情感、有欲望、有需求的活生生的学生，教育与教育研究的基本出发点和最终归宿都应该是学生。我们不仅仅要将学生视为教育的主体，更应切实地将他们看作教育过程的平等参与者、合作者。本节课中，教师通过灵活多样的教学活动和组织形式来引导学生积极参与活动。郭老师在指导学生制作方法时先让学生欣赏示范作品，再让学生自己分析思考，进而了解所需的材料，获得制作方法。郭老师的教学方法充分调动了学生动手的积极性，改变了

原有的灌输现成知识的教学方法，让学生拿着自己的"杯子"，用自己的方法不断找到适合自己的"水"，即学会学习，形成一种可持续发展的学力。

郭老师以特有的教学风格为学生营造了一个民主、平等的课堂氛围，让人感到亲切、自然。应该说，这是一堂重主体、重合作、重过程、重生活、重创新，在新课程背景下洋溢着现代教育气息的美术课，让人耳目一新。作为一门动手性极强的学科，美术课的示范教学是指导学生理解制作方法，掌握技能的重要环节。示范教学贵在"活"字，"活"而得法，往往事半功倍。郭老师在"活"这一方面做得很好，充分调动了学生的动手能力和积极性。最后作业展示时学生都争先恐后，课堂气氛十分活跃。

最后，郭老师可以在维持班级秩序的工作上下点功夫，让课堂既有秩序又有成果。

综合实践学科"泥盆记——诗情画意话苔藓" 教学案例研究

深圳市莲南小学　周雪　田斗金

一、内容定位

"泥盆记"是深圳市莲南小学自主开发的校本课程，是一门集科学、语文、美术、音乐等多学科于一体的综合实践课程。该课程以苔藓植物为载体，以莲南小学和深圳市仙湖植物园为活动基地，开展一系列科学探究、人文体验、艺术欣赏及创作活动，旨在带领学生认识苔藓，了解苔藓之美，进而提升学生的科学、人文、艺术素养，建立与大自然的亲密感。

"诗情画意话苔藓"是"泥盆记"的成果展示汇报课，是学生学习成果体会的个性化展示，旨在加强学生对苔藓植物的认识，培养学生的动手能力与合作精神，让学生体验"实践出成果"的喜悦感与成就感。

本课的核心问题是感受苔藓的文化内涵和精神品格。

本课的学习重点是认识苔藓的外形特点及功能，并感受苔藓的精神内涵。

本课的学习难点是为苔藓微景观命名并阐释其文化内涵。

二、学情分析

本课的教学对象是五年级学生。前期学生们已经聆听过中国科学院华南植物研究所深圳仙湖植物园张力博士的"苔藓植物探秘"专题讲座，并去仙湖植物园实地观察过苔藓，对苔藓植物的形态特征、生长习性、功能价值等已经有了初步的认识。此外，五年级的学生已经具备了一定的动手能力和表达能力，因此教师可以在苔藓微景观制作环节，放手让学生动手实践，发挥学生的积极性和自主性。

三、教学目标

（1）让学生了解苔藓的外形特点和生长环境，并能简单介绍苔藓的功能。

（2）学习关于苔藓的古诗，让学生感受苔藓的文化内涵和精神品格。

（3）通过小组合作制作苔藓微景观，提升学生的动手能力和审美素养。

（4）通过介绍苔藓微景观，激发学生对大自然的浓厚兴趣，从而热爱大自然，学会尊重、敬畏身边的事物。

四、教学思路

"泥盆记"要求学生了解苔藓的主要特点和生长习性，学习与苔藓相关的古诗词以提升文学修养，通过制作苔藓微景观来提高动手能力和审美能力，所以教师教学时也要做到理论与实践相结合。同时，"泥盆记"是一门跨学科综合实践课程，教师在课程安排上要体现出跨学科的特点。本节课"诗情画意话苔藓"是"泥盆记"系列课程的展示汇报课，其课程设计坚持以学生为中心的原则，发挥学生的主体作用，让学生大胆展示、积极表达，做课堂的小主人。因此，在课堂组织方面，本节课安排了两位教师进行教学：第一部分由语文教师周雪负责引导学生总结、展示学习成果并感悟苔藓的精神文化内涵，第二部分由科学教师田斗金来指导学生制作苔藓盆景。

在教学内容上，本节课以苔藓表现出的特点和品格为主线，设计了四个部分的内容。

1. 植物园探究

教师出示学生实践活动的现场照片，从而调动学生的学习积极性，进一步激发学生走进大自然、进行科学探究的兴趣。

2. 苔藓知多少

教师让学生介绍苔藓的生长习性和功能，从而加强学生对苔藓植物的认识，让学生有做课堂小主人的成就感。

3. 诗情画意话苔藓

通过古诗词欣赏，教师引导学生感受苔藓的文化内涵并学唱《苔》，通过用微情景剧演示苔藓生长过程，引导学生感知苔藓的生命形象和不甘平凡、自尊自强的品格。

4. 苔藓微景观制作

此环节锻炼学生的动手能力和小组合作能力，目的是让学生感受苔藓的自然之美。

五、教学设计

教学过程环节表

教学过程——环节（1）		
教学内容	植物园探究	
教学目标	1. 通过让学生进行课堂交流、展示自己的实地探究结果，培养学生发现、探究、表达的能力 2. 进一步激发学生走进大自然、进行科学探究的兴趣	
核心问题	出示学生之前在仙湖植物园实地观察苔藓的照片，让学生结合照片描述当时的发现	
	问题情境	**解决策略**
问题解决	1. 看，这名同学正在用放大镜观察苔藓，他看上去多专注呀！这是哪名同学？能和我们说说你当时观察到了什么吗？ 2. 这是哪两名同学？请举手！你们笑得真开心，能和大家说说你们当时发现了苔藓的什么秘密吗？ 3. 这又是哪几名同学呢？挥挥你们的小手吧。谁来说说，你们当时在做什么？	教师引导学生观察图片，学生结合图片自由发言。
教学过程——环节（2）		
教学内容	苔藓知多少	
教学目标	让学生能熟知苔藓的外形特点和主要功能，加深对苔藓植物的认识	
核心问题	学生自由展示课前学到的苔藓相关知识	

续 表

	问题情境	解决策略
问题解决	咱们班有几个"苔藓迷",他们知道许多关于苔藓的知识,接下来就让我们跟随他们的脚步,走进苔藓的微观世界吧。	五名同学结合PPT和事先准备好的展示牌,依次介绍苔藓的相关知识

教学过程——环节（3）		
教学内容	诗情画意话苔藓	
教学目标	让学生感受苔藓的文化和精神内涵,丰富对苔藓的认识	
核心问题	理解诗意,有感情地朗读	
	问题情境	解决策略
问题解决	1. 你去拜访朋友,但朋友不在家时,你有什么样的心情?你会想到什么? 2. "小苔藓",你来说说,当你在阴凉的角落里默默生长时,你心中在想什么?	1. 教师创设情境,引导学生准确理解诗意,指导学生有感情地朗读。 2. 学生用多种方式读懂诗意,朗读古诗。 3. 配乐吟唱,教师总结,学生感受苔藓的精神文化内涵。

教学过程——环节（4）		
教学内容	苔藓微景观制作	
教学目标	小组合作完成苔藓微景观的制作并创设意境	
核心问题	如何快速、正确地完成苔藓微景观的制作	
	问题情境	解决策略
问题解决	1.什么是苔藓微景观? 2.我们该如何制作苔藓微景观? 3.给苔藓微景观创设意境。 4.苔藓微景观的养护。	1. 通过图片展示,教师让学生明白什么是苔藓微景观。 2.教师用微课的方式进行教学。 3. 小组讨论,学生根据微景观特征创设合理意境。 4.学生回忆已学的知识,总结出养护方法。

六、教学实录

第一部分

师：（微笑地）同学们，去年春节，有这样一首小诗火遍了大江南北，那就是袁枚的《苔》（PPT出示古诗），请同学们齐读一遍。

（学生声情并茂地齐读《苔》）

师：读得真好，谁来说一说，从这首诗中，你知道了苔藓的什么特点？（手持话筒，来到学生面前，身体前倾，面带微笑）

生：我知道了苔藓非常小，还会开花。虽然它的花朵就像米粒儿一样小（学生用手比画大小），但是它能绽放自己。（女生自信大方，面带笑容）

师：你对苔藓了解得真多！（竖起大拇指）请坐。还有没有同学说一下，你知道了苔藓的什么特点？

生：从这首诗中我知道了苔藓生长在阴暗的地方。我是从第一句"白日不到处"知道的，它生长在太阳晒不到的地方。

师：这名同学不仅读懂了诗，还对苔藓的生长环境十分了解（点头表示赞许并用手势示意学生坐下），还有没有同学要补充？

生：苔藓虽然看上去很渺小，但它的气势却犹如泰山一样，傲岸雄伟。（声音洪亮，"泰山"二字读重音强调）

师：谢谢这名同学，他从诗中读出了与大家通常印象中不一样的苔藓。我们莲南小学从去年开始开展苔藓课程，不仅邀请了苔藓研究专家张力博士来学校开展专题讲座，还曾组织同学们跟着张力博士一起去仙湖植物园探究苔藓。看（PPT出示照片，教师饶有兴致地陪学生一起观看），这个小朋友正在用放大镜观察苔藓，这是哪个小朋友？能和咱们说一说你在观察什么吗？

生：这个是我们在路边的石壁上发现的苔藓。最初，它是看起来是干枯的；但是当我们给它浇水时，它的叶子很快就舒展开了，重新变得翠绿翠绿的了。

师：谢谢这个小朋友，原来你在植物园里就地做了一个小实验，真棒！这是哪两个小朋友呢？（PPT出示图片）你们笑得真开心！能和我们说一说，你们当时发现了苔藓的什么秘密吗？

生：我们当时发现了苔藓一般生长在阴暗的树枝上，而且树枝都是很潮湿的。

师：你发现了苔藓生长在阴暗潮湿的树枝上，你的同伴呢，有没有什么想说的？

生：我当时就很好奇，因为我是"吃货"，所以我闻了一下苔藓，发现它的味道像黄瓜一样清新。（"吃货"一词把学生都逗笑了）

师：你是因为吃到苔藓才笑得这么开心吗？

生：不是，我闻到了苔藓的味道。

（学生笑得更开心了）

师：这又是哪几个小朋友？（PPT出示图片）挥挥你们的小手！

（几名女生挥手示意，面带惊喜。）

师：能和我们说说你们当时在做什么吗？

生：我们在小溪边的石头上发现了苔藓，感觉苔藓滑滑的、绿绿的，在既潮湿又阴暗的地方生活。那里是阴生园，当时感觉有点冷。（声音甜美，自信、大方）

师：你向我们介绍了苔藓的生长环境，感谢这几个小朋友的分享。咱们班还有很多"苔藓迷"，接下来我们跟着他们的脚步，一起走进苔藓的微观世界吧！有请这几个小朋友上前面来展示。

（五名学生手拿展示图片依次走到舞台前，教师走向最左侧学生，递上话筒）

生：我觉得苔藓十分矮小，通常只有几毫米到几厘米高，不太引人注目。它们常常披着一身绿衣，静静地躺卧在阴凉的角落里，就像是植物王国里的小矮人。苔藓没有维管束，不会开花结果，植物构造十分简单，只有配子体和孢子体两部分。但是别看苔藓小，它的奥秘可是很大的。（"很大的"读重音强调）

师：你的比喻真形象，植物王国的小矮人，谢谢你。（将话筒递给第二名学生），你来给咱们说一下。

生：我觉得苔藓植物是大自然中的"拓荒者"。如果没有苔藓，那些裸露沙地、荒漠和岩层等将永远是不毛之地（重音强调"不毛之地"）。由于苔藓能分泌出一种酸性物质，将岩石面逐渐溶解；再加上苔藓枯死后能分解为有机质等成分，所以如果地表长出苔藓，再过一段时间，其他植物也会陆续在地表长出了。

师：谢谢这个小朋友，她向我们介绍了苔藓的生态功能。（话筒递给第三名学生）

生：我觉得苔藓植物是城市污染的"探测仪器"。苔藓的细胞结构简单，对二氧化硫等有毒气体十分敏感，在污染严重的城市和工厂附近很难生存。人们利用这个特点，把苔藓当作监测空气污染程度的指示植物。今年暑假我和爸爸一起回老家时，路过一个工业区，虽然那里环境潮湿、很符合苔藓的生长环境，但由于空气污染严重，我没有在那里发现苔藓。（遗憾、惋惜的语气）

师：嗯，原来苔藓还有监测环境的作用，谢谢你的分享。（话筒递给第四名学生）

生：我认为苔藓是"陆地储水池"。苔藓植物一般都有很强大的吸水能力，当苔藓密集丛生时，吸水量可达植物体自身干重的15到20倍（惊叹的语气），对维持水分平衡、防止水土流失有重要作用。

师：哦，原来苔藓还有这样的"神奇魔法"，谢谢你的分享。最后一名小朋友，有请你来分享。（话筒递给最右侧的学生）

生：苔藓是可以治病的，有些苔藓植物还可直接药用。如：金发藓有清热解毒的作用；大叶藓是治疗心血管疾病的良药；葫芦藓对治疗关节炎很有帮助；泥炭藓可以用来治疗皮肤病和蚊虫叮咬。

师：苔藓的本领可真多呀！谢谢这五个小朋友的分享，请回到座位。通过你们的分享，我们不仅知道了苔藓的外形特征，还知道苔藓有许多作用。同学们，苔藓是大自然创造的独特生命，优雅、安静、低调、平和，自古以来一直受到文人的喜爱，成为文人吟咏的对象。其中最有名的，便是刘禹锡的《陋室铭》（PPT出示诗句"苔痕上阶绿，草色入帘青"）。请同学们一起读一遍。

（学生齐读）

师：青青的苔藓爬上了台阶，看上去多么生机勃勃。我们再读一遍。

（学生齐读）

师：绿意盎然的苔藓，好像将整个台阶都染成了绿色。再读。

（学生齐读）

师：有了苔藓的装饰，刘禹锡的陋室不再简陋了，变得清幽、高雅。我们再读一遍吧。

（学生齐读）

师：到了宋代，苔藓依然是诗人们吟咏的对象。有位诗人叫叶绍翁，有一天他去拜访朋友，但朋友不在家，于是他写下了这首诗（PPT出示《游园不值》），谁来读一读？

（学生读）

师：谢谢这名同学，你的声音真好听！还有同学想读吗？（学生举手）好，你来试一试。

（学生读）

师：老师想问大家一个问题：如果你们去拜访朋友，但朋友不在家，你们是什么样的心情？你们会想什么？

生：我会想他去哪了呢？

师：你会想知道朋友的去处，是吗？那儿如果你敲了很久门，都没有人来开门，你心中会怎么想？

生：我会有一点儿失望。特意去找朋友玩，朋友却不在。

师：请坐，这名同学说她会有点儿失望。那么叶绍翁是怎么说的呢？他开玩笑说，也许朋友是担心自己的鞋子踩坏了青苔，故意不开门吧。让我们再读（诗的前两句）。

（学生读：应怜屐齿印苍苔，小扣柴扉久不开）

师：可见当时的人是多么爱惜苔藓，在他们心中，居住的地方的青苔是如此珍贵！

师：（《苔》前奏响起）请同学们静静地站起来，把椅子轻轻地推进去。假如你就是一株小小的苔藓（引导学生蹲下去），在阴凉的角落里默默地生长着，有一首歌这样歌颂你们，让我们一起轻轻哼唱（歌声起），慢慢地长大（引导学生站起来），像牡丹一样盛开。

师：哪位"小苔藓"来说一说，当你在角落里默默生长时，你心中在想什么？

生：我觉得我虽然很渺小，但是我也能像牡丹一样绽放自己，绽放出属于自己的光彩。

师：说得真好！还有没有"小苔藓"想发言？

生：我在想，总有一天我要让别人看到我不是小而软弱的，我也是有骨气的。

师：是呀，谢谢同学们的精彩发言。尽管平凡，尽管渺小，小小的苔花也有大大的梦想。愿同学们也能像这不甘平凡、充满自信的苔花一样，绽放出属于自己的光彩。让我们再来轻轻地哼唱吧！

（学生哼唱《苔》）

师：在这首歌中，苔藓的形象是如此美丽动人，同学们想不想拥有一盆自己的苔藓呢？接下来，田老师会带着大家一起制作苔藓微景观。这部分内容就先上到这，谢谢同学们！

第二部分

师：（微笑地）同学们，刚刚周老师带着我们从人文的角度感受了苔藓的文化、苔藓的品格，接下来，田老师将带着大家在实践中感受一下苔藓带给我们的不一样的魅力。大家想不想自己动手制作苔藓微景观啊？

生：想。（整齐、洪亮）

师：好，但是在制作之前我们先来看几个范例，看一看已经完成的苔藓微景观是什么样的。（PPT展示各种不同的苔藓微景观。）

师：大家看屏幕上的这个微景观，它的意境非常的优美，很有那种仙境的感觉，所以它的名字叫"云游仙境"，名字和它的样子非常搭配。这个微景观的名字叫"林间漫步"，展示了一个小女孩早晨在树林间散步的情景。这个微景观的名字叫"垂钓"，展示了一只小动物坐在小池塘边钓鱼的情景，名字和画面很符合。剩下的两个微景观的名字分别是"圣诞快乐"和"湖边嬉戏"。我们发现这些微景观都有一个好听的名字，那么待会儿你完成作品了，能不能也给你的微景观取一个好听的名字呢？

生：（声音洪亮）能！

师：那么接下来就要开始我们的苔藓微景观制作了！

师：第一步，请小组长上前来领取你们小组的制作材料。

（6个小组长上前来领取实验材料）

师：拿到材料以后，请先检查一下你的材料是否包含了这些工具（出示工具）。虽然我们制作的苔藓微景观可能不太一样，但是我们用的工具是一样的。

（学生开始检查材料、工具）

师：检查完以后，请将你的盒子和抹布放在桌子的下方，你们知道这个盒子和抹布待会儿是干什么用的吗？

生：清理垃圾。（齐）

师：非常正确。第二步，我们来学习制作方法。老师给大家录制了一个微课视频，视频讲得非常详细，希望大家能够跟随这个视频一起来学习一下苔藓微景观的制作方法。（播放微课视频）

师：请大家认真观看微课视频。

（学生观看微课视频）

师：看完了这个微课视频，我想问一下大家，我们在制作苔藓微景观的时候应该注意什么呢？

生：不要把垃圾留在桌子上，这样会不干净。（声音洪亮）

师：那么我们应该怎么做呢？（继续追问）

生：我们应该把垃圾扫进盒子里。

师：说得很好，我们应该把垃圾扫到刚刚发给大家的小盒子里。还有吗？

生：在种植苔藓的时候，一定不能伤害到根部，如果伤到了根部，那么苔藓可能会受到一定的损伤。

师：（笑容满面）请坐，我们在制作的时候一定要注意轻拿轻放，小心不要伤害到苔藓。还有吗？

生：制作苔藓微景观的时候，土要倒适量，不用全部倒完。

（举手的学生依然很多）

师：回答得很对，你来补充。

生：小玩偶、小公仔要在最后放，并且下方要插上固定的东西。

师：那你刚才有没有观察到那些东西是用什么工具固定起来的？

生：是用胶棒。（快速答出）

师：还用到了打火机，对不对？所以我们还要注意什么？（提示学生继续补充）

生：还要注意安全，不要烫到自己。

师：好，请坐，我们一定要注意安全。需要用胶棒的部分老师已经帮大家提前做好了，避免了大家使用工具时可能发生的危险。

师：除了这些要求，老师还要补充几点：第一，一定要注意其他安全事项；第二，我们要按照步骤进行制作；第三，小组合作完成；第四，完成以后我们要为作品取一个好听的名字，写在老师刚刚发下来的纸上，然后贴在你的盆景盒上。大家都了解制作步骤了吗？

生：了解了。（齐答）

师：还有没有不清楚的同学？（作举手状）

（学生无人举手）

师：好，那么接下来就开始我们的制作吧。

（学生开始小组合作进行制作，教师开始巡视、指导）

师：已经完成的同学可以安静地坐在你的座位上了。我左手边的这一组是最快完成也是最安静的，提出表扬。（指向左手边）

师：好，我看到大家都已经完成了，下面我要请一名同学来说一下你给你的微景观取了什么名字，这个名字的来历是什么同。

师：你来说一下，将你的作品举起来给大家看一看。（请出刚才那一组学生来分享）

生：它的名字叫作"倾盆大雨"。我们可以看到这个小玩偶打着伞在树下面躲雨，这个小鸭子在河里面欢快地游着，还有一只动物在屋檐下躲雨。我们还加了树，这是一棵最大的树，小玩偶就在它的下面，旁边就是它的家。

（学生举起作品进行介绍）

师：好，请坐，他们组不仅做得好，讲得也非常好。其他组有没有想要说的呢？

（学生纷纷举手）

师：老师现在就让剩下的5组同学带着你们的苔藓微景观，向下面的来宾介绍一下你的微景观的名字及来历，好不好？

生：好。（齐声）

师：那就请5个组的组长下去向来宾介绍，其他同学请坐在座位上，我们还有其他事情要做。

（五位组长下去向来宾介绍，其他学生坐在座位上）

师：在座的同学，我们来思考这样一个问题：我们的微景观已经制作完成了，我们要怎样去养护它呢？

师：现在给每个小组两分钟时间讨论，两分钟后老师来请同学回答。

（学生开始积极讨论）

师：我看我们所有的同学都已经介绍完毕了。接下来我们一起来探讨一下应该怎样养护我们的苔藓微景观吧。

师：请你来说一下。

生：我们应该每隔3~5天浇一次水，并且把它放到适合苔藓生长的地方，还要保证干净。

师：很好，你来说一下吧。（递麦克风给另一名学生）

生：我觉得还要给它充分的光照，因为植物的生长需要适宜的温度、充足的光照。

师：很不错，请坐。

师：他说得非常好，我们在本学期的科学课上有没有讲过植物生长所需要的条件？

生：有。（齐答）

师：那么我请同学们回忆一下，植物的生长需要什么条件？

生：我记得有适宜的温度，有适量的水分，还有阴暗潮湿的地点，要将它放在窗台边缘的地方。（经旁边学生提醒后说出"还有空气"）

师：请坐，非常完整。植物的生长需要四个条件，分别是阳光、水分、空气和温度。

师：那么，我们就应该要注意如下几点：第一，我们隔两天浇一次水，这是水分的条件，浇这个壶的三分之一左右，千万不要积水；第二，把植物放在阴凉通风的地方；第三，让植物接受适当的光照，但不能被阳光长时间照射；第四，植物的生长温度在15~28 ℃最适合。这是我们讲的植物生长的四个条件。

师：那么今天我们的苔藓微景观制作就到此结束了，下课！

生：谢谢老师，老师辛苦了！

七、教学反思

这节课是"泥盆记"系列课程中的汇报展示课，课程设计以学生展示实践探究成果为主，尽可能地为学生搭建自我展示与表达的舞台，同时由教师予以适当的引导与评价。相较于前期的实地观察，本节课更加注重苔藓内在品格的展现，同时将本课的思想主题升华到对大自然的热爱、对生命的敬畏。从最后呈现的课堂效果来看，学生能大方地交流在植物园实地观察苔藓的收获，自信地展示苔藓的相关知识，深入理解了苔藓植物的文化内涵和精神品格。本节课充分发挥了学生的主体作用，进一步激发了学生观察探究苔藓的兴趣。学生思维活跃，教学目标达成情况良好。

教学过程中也存在一些问题和需要改进的地方。在古诗导入环节，学生的回答中有"苔藓会开花"这一科学错误，笔者没有及时予以正确引导。在指名回答问题时，笔者更多地邀请积极举手的学生回答，对沉默安静的学生没有给予足够的关注。另外，笔者的评价语言需要进一步丰富。以后笔者会多鼓励学生，提高学生的上课积极性。同时，笔者深深地意识到，只有真正了解学生、关注学生，才能真正使课堂成为学生的舞台，才能真正让学生成为舞台的主角。

（周 雪）

苔藓微景观制作属于实践活动，通过小组合作学习的方式制作完成一盆苔藓微景观，既锻炼了学生的协作能力、动手能力，又能让学生从中感悟自然、敬畏生命。与学生一起探索的过程也让笔者回味无穷。

试教时，笔者以"以学定教，先学后教"为设计原则，按照"图片导入—微课教学—学生实践—小组分享"的流程进行。在学生进行分小组实践的时候，笔者发现有几组学生对操作的具体细则不太清楚，出现了工具使用不当、流程不恰当的错误，导致制作的苔藓微景观没有达到预期效果。于是，笔者花费更多的时间对学生进行指导操作，以至于后面小组分享环节的时间不够，不得不匆匆结束了这节试讲课。

在研讨时，同事们给笔者提出了很多宝贵的意见，例如：将微课再制作得细致一些，在关键步骤上暂停讲解，让学生记忆更深刻；在微课播放完之后让几名学生说一说制作的步骤，总结一下制作流程；在小组合作的时候确保每个人分工明确，不至于手忙脚乱；最后的分享过程要面向台下的观众进行。

因此，在这节课上，笔者将教学重点放到了如何让学生快速学会制作方法上，通过对微课视频的修改，突出重点、细分难点，让学生更容易理解，从而让学生快速学会制作方法，提高制作的效率，为后面分享的环节留下充足的时间。

上课时，笔者很好地践行了这一点，学生们快速完成了微景观的制作。在之后的分享环节中，学生们思维相当活跃，回答得相当精彩，练说的效果非常好，真是意外收获。

（田斗金）

附：

案例点评1

深圳市罗湖区教育科学研究院品质课程负责人　王　莉

莲南小学的"泥盆记"苔藓课程被评选为罗湖区品质课程，整个课程从体系上来看非常完善，实施得非常扎实，为其他学校课程的开发起到很好的借鉴作用。

（1）苔藓课程的理念和意义给人非常深刻的印象。现在城市里的孩子从小在钢筋混凝土构筑的世界里长大，生活中缺少与大自然亲近的机会，普遍对大自然缺失兴趣，没有好奇的眼睛，对身边的事物比较漠然。苔藓课程的开设给孩子种下了一颗亲近自然、走进自然和探究自然的种子，这样的一颗种子将在孩子的一生中开花结果。可能真的会有孩子被这颗种子触动，最后从事相关领域的科学研究工作。

（2）从课程特色上看，该课程具有全科的意识，科学、自然、音乐、文学等学科都在课堂上有所呈现。一位不具有全科意识的教师，教学水平将永远停留在教学层面，只有打开自己，从自己的学科走出去，最终才会真正走向学科育人。除了全科意识，这节课还具有学生视角。学生一直是课堂的主体。我们在这节课上能看到学生动脑、动手、动眼、动口，课堂参与度非常高。只有让学生动起来，课堂探究才能和课后探究有效结合在一起。

这是一节具有生命力和成长性的课程，"以物为介，人在中央"，这样的课程理念非常打动人。这样的课程有助于增加学生的学识，开阔学生的视野，能够让文化的根扎在学生心中，同时能够触及学生的情感、情绪、价值观等，最终达到培养学生综合素养的目的。

另外，从课程资源上看，莲南小学毗邻仙湖植物园，由仙湖植物园的苔藓专家张力博士担任课程顾问，而且学校整个教学团队非常年轻、肯干、踏实，这样的课程资源可谓尽得天时、地利、人和。

不过，这节课也有几点值得商榷的地方：

（1）袁枚的这首诗中说"苔花如米小，也学牡丹开"，但是我们知道苔藓是不会开花的，我们在课堂当中一定不要让学生有误解，要让学生明白此苔花非彼苔花，科学上的东西，A就是A，B就是B，答案一定要明确。

（2）在"苔藓知多少"环节，五名学生分别聚焦苔藓的外形、生长环境、特征、功能、种类等方面，介绍得非常好。如果教师在学生介绍完之后，能带领学生一起梳理、总结，以表格或者导图的形式将学生介绍的内容串起来，相信学生对苔藓会有更理性的认识。

总地来说，莲南小学的"泥盆记"苔藓课程是个很好的示范，鼓励了学生以自然为课堂，到大自然中去观察，去发现。我相信学生上这样的课一定很快乐。

案例点评2

深圳市罗湖区教育科学研究院综合实践教研员　陈前永

早在二十多年前，深圳市教育科学研究院综合实践教研员吴江老师就提出了"学科统整"的概念，而莲南小学的"泥盆记"就是一个非常典型的学科统整的例子，并且做得非常完善，起到了榜样的作用。

对于综合实践课，我们的核心目标是培养学生做事的规矩，不仅要让学生都能"做出来"，还要都能"讲出来"。今天，学生确实都"做出来"了，但是没有达到都"讲出来"的要求，这方面还需要继续提高。培养学生做事情的规矩就是要培养学生抽象思维、整体思维的能力，这种能力应该从小学就开始培养，让学生在做事时先有整体观念，再由大到小，明确步骤和要点，这一部分我们做得还是不错的，对学生的思维进行了锻炼。在最后交流分享的时候，学生的思维可以更加开放一些，最好能够给人一种眼前一亮的感觉，这也是综合实践课程的长期任务，相信在莲南小学如此完善的课程的驱动下，必然会有显著的效果。

"泥盆记"整个项目的学习是一个非常完整的课程，下一步我们可以考虑把它跟创客教育结合起来。现在深圳的创客教育正开展得如火如荼，全国的创客氛围又那么好，如果我们能够把"泥盆记"和创客教育结合起来，那么我相信这个课程一定会在全国更有影响力。

（注：本课例被评选为深圳市罗湖区品质课程）

参 考 文 献

［1］刘芳岑，夏茂林.论中西方自然主义教育思想的共通性［J］.当代教育论坛，2014（4）：29-34.

［2］黄立志.论中国自然主义教育思想［J］.长春工程学院学报（社会科学版），2001（4）：13-16.

［3］时飞珂.心流理论在地理教学中的运用［J］.才智，2018（20）：2.

［4］任俊，施静，马甜语.Flow研究概述［J］.心理科学进展，2009，17（1）：210-217.

［5］其木格，林海河.心流体验：现代课堂教学的一种心理诉求［J］.内蒙古师范大学学报（教育科学版），2010，23（12）：82-85.

［6］马珂.中学美术设计课程与创新思维能力的培养［D］.西安：陕西师范大学，2018.

［7］深圳市教育局.深圳中小学学科教育与创客教育融合指南［Z］2018-4-18.

［8］高爱军.部编语文课程下的课堂教学变革［C］.2020年教育信息化与教育技术创新学术论坛（重庆会场）论文集.重庆：重庆市鼎耘文化传播有限公司，2020：32-34.

［9］隋旭波.生本教育理念下课堂教学的研究［J］.东方青年·教师，2013（16）：126-127.

［10］杨丽霞.浅谈"生本课堂"在小学数学高段教学中的实施［J］.课程教育研究：学法教法研究，2017（19）：295.

［11］中华人民共和国教育部.义务教育数学课程标准（2011年版）［M］.北京：北京师范大学出版社，2012.

［12］中华人民共和国教育部.全日制义务教育小学科学课程标准［M］.北

京：北京师范大学出版社，2017.

［13］杨艳霞.探究——科学课堂的核心［J］.山东教育：小学刊，2011（4）：55.

［14］熊细滚.问题情境与启发式教学［J］.文教资料，2011（14）.

［15］胡春明.合理引导猜想，有效提高课堂效率［J］.考试周刊，2015（3）：133-134.

［16］杜永华.让学生自己得出实验结论［J］.教学仪器与实验，2002（X2）：25.

［17］徐晓东.信息技术教育的理论与方法［M］.北京：高等教育出版社，2003.

［18］孙俊逸，陈建勋，湛俊三.计算机教育教学改革与实践［M］.北京：华中科技大学出版社，2008.

［19］王旭卿.面向STEM教育的创客教育模式研究［J］.中国电化教育，2015，8：36-41.

［20］李铁安，宫雪莉.高品质课堂创新案例研究［M］.北京：教育科学出版社，2014.